U0833745

新时代公务人员数字素养

◎ 冷茂林　著

湖南师范大学出版社
－长沙－

图书在版编目（CIP）数据

新时代公务人员数字素养 / 冷茂林著. --长沙：湖南师范大学出版社，2024. 7 --ISBN 978 - 7 - 5648 - 5501 - 7

Ⅰ. D630. 1

中国国家版本馆 CIP 数据核字第 2024UU8381 号

新时代公务人员数字素养

Xinshidai Gongwu Renyuan Shuzi Suyang

冷茂林　著

◇出 版 人：吴真文
◇责任编辑：胡　雪
◇责任校对：廖小刚　刘　柳
◇出版发行：湖南师范大学出版社
地址/长沙市岳麓区　邮编/410081
电话/0731 - 88873071　88873070
网址/https：//press. hunnu. edu. cn
◇经销：新华书店
◇印刷：长沙市宏发印刷有限公司
◇开本：710 mm × 1000 mm　1/16
◇印张：13
◇字数：202 千字
◇版次：2024 年 7 月第 1 版
◇印次：2024 年 7 月第 1 次印刷
◇书号：ISBN 978 - 7 - 5648 - 5501 - 7
◇定价：49. 00 元

凡购本书，如有缺页、倒页、脱页，由本社发行部调换。

前言

FOREWORD

当今时代，数字技术作为世界科技革命和产业变革的先导力量，日益融入经济社会发展各领域全过程，深刻改变着生产方式、生活方式和社会治理方式。公务人员是新时代这一场数字盛宴的主导者、推动者和践行者，是加快建设网络强国、数字中国不可或缺的主体。随着数字技术发展进步与应用范围不断扩大，技术正以前所未有的速度和广度赋能政府变革、重塑政府形态、催生数字政府，对公务人员的数字素养提出了新的更高的要求。加快建设网络强国、数字中国，政府面临的不仅仅是数字技术本身，更重要的是人，特别是作为网络强国、数字中国建设的主要推动者和建设者的公务人员。因此，加快建设网络强国、数字中国，离不开一支政治过硬、适应新时代要求、具备数字能力和掌握数字技能的公务人员队伍。正因如此，我们按照认识、提升与应用的逻辑，以建设网络强国、数字中国对公务人员提出的数字素养需求为主线，从数字时代的来临开篇，揭示数字乡村、智慧城市、数字政府、数字中国在数字时代的局部及整体运行逻辑，阐释数字素养与技能，进而在数字政府空间研究公务人员数字素养，讨论公务人员数字素养何以驱动数字政府发展，以期为公务人员数字素养提升及推进党和国家事业发展提供启示。

本书共分为六章：第一章围绕数字时代的来临，描述从工业文明到数字文明之进路，界定互联网、大数据、人工智能、区块链、元宇宙等新一代信息技术要素的内涵和外延，分析这些要素对数字时代的作用与意义。第二章围绕数字乡村、智慧城市、数字政府与数字中国，揭示其局部及整体运行逻辑，并从不同角度分别阐释这些概念。第三章围绕数字素养与技能，阐述数字素养与技能的概念，概述数字素养与技能现有框架，阐释提升数字素养与技能的意义，探寻提升数字素养与技能的途径，并对公务人员数字素养进行分析、讨论。第四章围绕公务人员数字素养评价，从胜任素质理论视角对公务人员数字素养进行界定，进而从数字认知、数字技能、数字行政、数字治理四个方面构建公务人员数字素养的框架，梳理公务人员数字素养评估现有框架，构建评价模型，从指标选取、指标体系构建、指标赋权等方面建立评价体系，从技术赋能、线上线下、素养导向、关注过程等方面架构精准化评价策略，以期对公务人员数字素养进行合理评价。第五章围绕公务人员数字素养提升，概述提升公务人员数字素养的意义，分析公务人员数字素养提升面临的挑战与障碍，以期探寻公务人员数字素养提升的可行路径。第六章围绕公务人员数字素养何以驱动数字政府发展，描述发展现状与形势，阐释数字化是社会治理的现实之需，构建数字政府系统并阐释其特征，描述公务人员数字素养在数字政府实践上的参与行为，从公务人员数字素养对数字政府单一领域以及驱动数字政府全面发展两方面进行机理分析，阐释公务人员数字素养如何影响和驱动数字政府发展的理论逻辑。

如本书内容所呈现，公务人员数字素养本身是一个异常庞大、复杂的体系，对其研究势必是一项长期性、系统性工程。希冀本书能够引导公务人员认识、理解数字素养，增强数字意识、技术能力，以期激发他们主动提升自我、适应数字时代变革的热情与动力，在实践中不断探索和创新，服务智慧、高效、安全的数字时代，为推进中国式现代化，加快建设网络强国、数字中国提供强大的动力支撑。

让我们携手并进，在数字时代的浪潮中乘风破浪，共同书写更加辉煌的未来篇章！

目录

CONTENTS

第一章

数字时代的来临

第一节　从工业文明到数字文明

2022 年，注定是人类文明史上一个不平凡的年份。这一年，OpenAI 推出的人工智能聊天原型 ChatGPT，赚足眼球。比尔·盖茨对 ChatGPT 横空出世作出了肯定：“ChatGPT 诞生的意义，不亚于互联网的诞生。”据报道，在 ChatGPT 开放试用的短短几天内，就吸引了超过 100 万注册用户，一时之间，无论是线下还是线上，ChatGPT 成为人们讨论的热点话题。在早期的版本中，ChatGPT 可简单理解为“搜索引擎 + 社交软件”的组合。这种组合，赋予 ChatGPT 在实时互动过程中给出有趣回答的能力。因而，在社交网络，流传出各种戏谑 ChatGPT 的有趣对话。更让人惊叹的是，ChatGPT 发布后不足半年，就完成了四次革命性的迭代，赋予了其更为强大的能力。毫不夸张地说，ChatGPT 的出现，已经永远地改变了世界。

从互联网的出现到区块链、元宇宙，再到当前火爆全网的 ChatGPT，是数字技术发展的一张张缩影。由这些缩影构成的数字时代，正以新理念、新业态、新模式，全面融入人类政治与经济、文化与社会等各领域和全过程，深刻改变着生产方式、生活方式和社会治理方式。

回顾人类社会漫长发展史，先后历经石器时代、铁器时代、工业时代、数字时代。石器时代是一个蒙昧的时代，人类文明在这个时代发展成千上万年，从刀耕火种的原始农业生产方式转向人类发展史中极为重要的铁器时代。铁器时代是一个承上启下的时代，在数千年的发展历程中，人类普遍制造和使用铁制的生产工具，标志人类文明开始进入成熟期。在蒸汽机的轰鸣声中，人类社会迎来工业时代，这是一个科技文化的大繁荣时代、大宗教的形成时代、大规模的战争时代、伟大英雄辈出的时代。计算机、互联网的诞生，开启了数字时代之门。

人类在石器时代中打磨了数万年，在铁器时代中锻造了数千年，在工业时代中进化了数百年，而数字时代短短数十年的发展，就已超越了以前所有时代带来的进步。由此可见，数字时代迭代发展的速度，远超我们想象。

一个时代的诞生，看似偶然，实则必然。蒸汽机投入工厂使用，标志第一次工业革命正式开始。机器嵌入生产，使得生产工具不断地改进，大大提高了生产效率，提升了人类的能力。在工业革命以前，人类社会生产效率不高，应对社会变化的能力十分弱小。每一次较大自然灾害附带的饥荒、疫病，给人类社会带来了一次大清洗。

工业革命驱动资产阶级兴起，农场主逐渐主张资本主义农业经营模式。他们利用技术改良生产作物的土壤环境，提高土地的利用效率，使得部分国家能够平稳地面对自然灾害带来的危机，维护了社会的稳定。此外，工业革命的到来，提升生产效率的同时也使得卫生、医疗和营养得到显著改善。人类有能力、有技术可以治疗疾病，促进了人口的增长，为市场带来劳动力，进一步促进市场发展。

从计算机与互联网出现的那一刻起，工业时代迭代为数字时代其实只是一个时间问题。在工业时代，人类开始使用机器来替代体力劳动，这种替代下，生产力的提升呈线性增长。在数字时代，具备人类智力的人工智能，不仅可替代体力劳动，还将替代人类的脑力劳动；在人工智能的加持下，生产力的提升将呈指数级增长，给世界带来无限可能。

时代的发展，从不止步；技术的进步，永无止境。回顾人工智能战胜人类智能过往，2016 年 Google 的 AlphaGo 对战围棋世界冠军、职业九段棋手李世石，以 4∶1 的总比分取得压倒性胜利，这是人工智能发展的里程碑。这一次的人机对弈让人工智能正式被世人熟知。时隔一年，世界围棋冠军柯洁与 AlphaGo 的人机对战，柯洁的三局完败。在这一次的对战中，

AlphaGo 走出的棋路就连柯洁都完全没有见过，根本不知道如何应对。对战结束后，柯洁感叹：“没见过这样下棋的，它根本不按套路来。”

AlphaGo 的胜利，有学者将之定性为“智能时代”的开始。从技术视角，AlphaGo 应用了神经网络、深度学习、蒙特卡洛树搜索法等先进技术，它能够全天无休无眠与自己对弈，自我进化。战胜李世石的人工智能是 AlphaGo Lee 版本，它的后续版 AlphaGo Zero 仅经过短短 3 天的自我训练，就以 100∶0 的战绩强势打败了此前战胜李世石的旧版 AlphaGo Lee；经过 40 天训练后，AlphaGo Zero 又以 89∶11 战胜了 AlphaGo Master，即横扫柯洁的那套。事实上，AlphaGo Zero 训练过程中，科研人员没有录入过去的棋谱，只是告诉它下围棋的基本规则，定义围棋的输赢。科研人员把这些规则、定义写成算法，交给 AlphaGo Zero，让它自己和自己对练。在没有任何输入的条件下，AlphaGo Zero 把自己一分为二，一分为四，一分为八，为自己不断地创造对手，再把每次胜负的结果保存到数据库，不断进行优化，创造自己的围棋知识体系。对此，柯洁在微博发表评论称：“一个纯净、纯粹自我学习的 AlphaGo 是最强的……对于 AlphaGo 的自我进步来讲……人类太多余了。”

与 AlphaGo 带来的发展浪潮相比，ChatGPT 的出现使得人工智能有了特定内涵。ChatGPT 是生成式人工智能，是当前人工智能技术驱动的自然语言处理工具。通过这一工具，人工智能可以学习和理解人类语言以进行对话，并在对话的过程中，能根据对话语境进行互动。有了这一能力，人工智能处理人类语言的能力获得质的改变：它能像真正的人类一样聊天交流，完成文案与视频生成、代码编写，甚至是专业论文撰写。而这种种，在工业时代，那是无法企及甚至无法想象的事情。

历史的车轮，滚滚向前。从计算机、互联网、物联网，到大数据、人工智能，短短数十年，人类已告别工业时代，置身于数字的海洋。在技术的推动下，机器不但变成能够融入社会个体生活的存在，并随着技术的日渐成熟变得越来越智能。他们不仅能快速感知和理解人类的需求，而且能针对人类需求做出回应。毋庸置疑，这是社会生产力的又一次重大突破。

立足当前，工业文明的火车正缓缓驶向落日的余晖，而一张数字文明“大网”正在无形中笼住我们每一个人。或许，我们可以试着参照工业文明的定义，描绘数字文明的轮廓。工业文明是以工业化为重要标志、机械化大生产占主导地位的一种现代社会文明状态，而数字文明则是以新一代信息技术为重要标志、数据占主导地位的一种现代社会文明状态。

第二节　互联网：一切的开始

无论是大数据、人工智能，还是前面所提到的AlphaGo、ChatGPT，提及数字时代，都绕不开互联网。从某种意义上，即便是计算机这种革命性产品对人类社会的影响都远不及互联网所带来的冲击巨大。毫无疑问，互联网是人类文明迄今为止所见证的发展最快、竞争最激烈、创新最活跃、参与最普遍、渗透最广泛、影响最深远的技术产业领域，是当今时代最为重要的变革力量，是数字时代的起点。

我国互联网应用开始得较晚，1994年4月20日，才实现与国际互联网的第一条TCP/IP全功能链接，是国际互联网大家庭中的第77个成员。随后，中国科学院高能物理研究所设立国内第一个Web服务器，并以此打造了我国首个专业性网站，介绍发布科技发展相关信息，成为当时我国利用国际互联网的一个重要渠道。1995年1月，邮电部开始向社会提供互联网接入服务。5月，瀛海威信息通信公司创立，面向普通家庭开放，成为中国第一个互联网接入服务商。此后，我国互联网发展步入快车道。

中国互联网络信息中心（CNNIC）发布的第52次《中国互联网络发展状况统计报告》显示，截至2023年6月，我国网民规模达10.79亿人，较2022年12月增长1109万人，互联网普及率从75.6%上升到76.4%。中国信息通信研究院发布的白皮书显示，在全球市值排名前十的互联网公司中，阿里、腾讯、百度、京东四家中国公司入列。当前，我国人工智能企业数量仅次于美国，稳居世界第二，机器学习、算法分发、商业无人机、自动驾驶汽车、智能机器人、虚拟个人助理等智能技术领域不断突破。

一、互联网创造的奇迹

从文明之初的“结绳记事”，到文字发明后的“文以载道”，再到近现代科学的“数据建模”，数据一直伴随着人类社会的发展变迁，承载了人类基于数据和信息认识世界的努力和取得的巨大进步。在计算机与互联网出现以前，数据采集、处理方法、处理能力较弱，人类从数据中获取的信息有限。随着信息技术的发展，推动了电子计算机与互联网的应用，为数据处理提供了自动的方法和手段。特别是新一代信息技术的发展，使得人类掌握数据、处理数据的能力实现了质的跃升。

在传统观念里，数据是数字或者是由数字所组成的集合。随着现代信息技术的飞跃发展，数据有了更丰富的内涵。在数字时代，数据不再被定义为狭义上的数字，无论是客观事物的属性、数量、位置及其相互关系，还是具有一定意义的文字、字母、数字符号的组合，包括图形、图像、视频、音频等都可认定为数据。例如，存在于互联网网页中的字符、数字、语音、图像、视频，连接互联网、使用互联网的记录是数据；反映阴、雨、霜、雪等自然现象的信息和描述地震、海啸等自然灾害的信息也是数据；政府、企业、个人在社会生产生活所留下的痕迹同样都是数据。

虽然数据本身是客观存在的，但是，长久以来对数据的理解限定在狭义的空间，对数据收集与应用一直止步不前。在计算机出现之前，书籍上的文字、数字、图片，其主要作用是记录信息，并不被看作是数据，更不用说反映自然现象、自然灾害以及人类活动本身的信息。这与当时生产力条件下人们处理数据的能力有关，更与数据的收集有关。在工业革命的推进下，伴随着生产力的极大提升，创造出的数据成量级增长，这些数据散落于社会各领域，并未得到重视。

互联网的出现，带来了全新的数据表达方式。在我国，“互联网＋”正充分发挥在生产要素资源配置中的纽带作用，形成产业发展的新模式、新业态、新体系，有效改造传统产业、培育新兴产业，促进一二三产业融合发展，助推产业转型升级。在互联网的加持下，构建起现代农业生产体系、营销体系，我国农业产业发展走向集约化、绿色化、品牌化、高端化；工业产供销更加智能化，互联网将市场供需进行有效衔接，技术与传统产业的对接，促进制造业上下游企业有效资源整合，推进工业产业发展；服务业转向更加高端，互联网加强了商贸流通信息化的能力，将信息化服务延伸到更多的服务行业，催生数字经济、共享经济。互联网与产业的融合，生产出海量的数据，提供了各种形式的数据来源。

IDC 最新发布的 Global DataSphere 2023 显示，我国数据量规模将从 2022 年的 23.88ZB 增长至 2027 年的 76.6ZB，年均增长速度 CAGR 达到 26.3%，为全球第一。互联网不断创造不同形式和空间范围的数据，这在互联网出现以前，是不可想象的事情。短视频平台近年来深受欢迎，数以亿计的用户每天都在平台上观看和上传视频，创造出海量的用户数据、视频数据、广告数据、内容数据、社交数据等类型的数据。这些数据，涵盖用户行为、用户喜好、兴趣爱好、用户所在地理位置、用户设备信息，包括视频创作的上下文、时间、地点、创作者信息、视频流量和传播，广告投放数据、广告效益、广告观看数据和用户反馈数据，内容创作的主题、类型、发布时间、受众画像、推荐算法和用户反馈，用户之间的互动、关注、点赞、分享、评论等方面的海量数据。随着技术的发展和数据分析技术的普及，这些海量数据将被用于更加广泛的应用领域，为政府、企业、医学人员等从事数据分析和其他相关领域的人士提供重要的依据和支持。

二、互联网解决的难题

为收集我国人口数据，历次全国人口普查，国家都要投入大量人力、财力、时间和精力，调动各级行政资源，才能完成这项工作。在第七次全国人口普查中，国家统计局用于全国人口普查数据处理、编辑出版普查年鉴、开展普查课题评审和课题研究经费达 1450 万元。可见，数据收集是一个看似简单实际上烦杂的难题。

无论是从事科学研究的学者，还是商业分析的从业者，或是政府政策的制定者，只要是从事与数据有关工作的人员，都曾被数据收集困扰。如在科研中，要消除科研中的不确定性，得出准确或可信的结果，数据收集十分关键。按照传统统计学的方法，数据收集以抽样调查为主。显然这一方法难以获得足量的样本，特别是研究对象数量较大时，这种不足会更为明显。

以统计学的方法收集数据通常是先去分析收集数据的对象，也就是先定一个目标，然后才开始以合适的方法收集数据。比如，政府发现某政务App群众对某些板块内容兴趣不高、使用频率低，于是分析其原因。按照传统的研究方法，研究人员先要作出相应假设。根据这些假设，确定需要调查研究的总体范围，确定需要选择多少样本以及每个样本的大小。然后确定采用哪种数据收集的方法，比如随机抽样、分层抽样、全样本调查等。根据收集到的数据进行分析，得出群众对板块内容兴趣不高、使用频率低的原因。

在互联网时代，对数据的收集与统计学所遵行的收集方法有着很大的不同。以网络手段进行数据收集时并不会像传统统计法那样事先预设目标。它是先把与研究主题相关的所有能够收集到的数据收集起来，经过对收集到的数据进行分析，根据分析结果便能够得到问题的结论。正是因为在数据收集时没有前提和假设，数据分析的结果才能给我们带来很多预想不到的惊喜。例如我们在逛商场时，有时候会发现两件看似极不匹配的商品摆放在同一个商品架上，实际上是商场以数据收集和数据分析结果为导向的科学配置。

在数据收集上，互联网和传统的统计方法另一个不同点在于，按统计方法，通常是采用抽样调查获得所谓的具有代表性的数据，这些数据被称为样本。根据统计学的原理，只要样本具有代表性，通过分析这些少量的样本数据，就可以总结出规律性。在互联网出现以前，几乎所有的科学研究就是这么做的。因此，当一项研究成果表明从有限数据中获得的规律性具有普遍意义时，很快便有质疑的声音。这些持质疑态度的研究者往往能够在局部范围内推翻原来的理论。这里面固然有人类认知局限性的原因，如调查的方法、调查问题的设计、回答者的诚实性等，也因为样本的选择有可能会引入一定的误差，抽样调查法并不能保证结果的绝对准确性。

实际上，为弥补传统数据收集方法的不足，研究者们往往要做很多工作，如测量所收集数据的误差，计算数据的方差，分析数据的信度。但实际情况是，除非是全样本数据，不然无论研究者们作出怎么样的努力，按传统统计方法所得到的研究结果还是或多或少存在误差。从抽样中得到的结论是有水分的，而全部样本中得到的结论水分就很少。数据样本越大，真实性也就越大，全样本数据包含了全部的信息。如果以数据全集为数据样本集，也就是全样本数据，用全样本数据思维方式思考问题，解决问题，避免了抽样带来的不确定性和偏差，使得结果更加准确。然而，传统的统计方法要取得全样本数据并非一件容易的事情，特别是数量庞大的全样本数据获取。前面所提到的历次全国人口普查就是一个典型的例子，类似这样的例子还有全国经济普查、全国农业普查等。

在互联网时代，数据收集方式与传统方法存在本质上的不同。其一，互联网提供了各种形式的数据来源，所记录的数据接近全样本数据。如今互联网上的各种数据涵盖的方面相当广泛，同时也具备了题材的多样性与丰富性，更重要的是各个数据来源之间的巨大互动性。各种系统和设备产生的数据、各个网站上的样本数据、电子邮件的相关数据、社交网络中的用户数据等都是互联网所提供的数据来源。其二，互联网提供了丰富的数据形式。互联网上的数据具有多种形式，包括文字、图像、音频、视频等各类数据形式，都具备了自己的独特价值，并可以各自通过不同的方式满足企业、机构或个人的需求。其三，互联网提供随时更新的实时数据。互联网上的数据不是静态的或一成不变的，相反，这些数据是随着时间推移而不断变化的，并且，互联网上的许多数据源提供的都是实时和动态的数据。其四，互联网提供了数据的自由流通。互联网的一大特点是开放性，它能够让人们自由地在其上进行数据交换，无论是在家中还是在办公室中，都可以自由访问互联网上的各种数据。这为企业、政府部门和个人提供了一个很好的交流平台和信息与资源的互通之道。

数据日益成为继物质、能源之后的又一种重要战略资源。互联网为我们提供了十分方便的数据来源，庞大的数据资源使得互联网成为各领域数据分析、数据处理、数据创新、资源率先开发利用的始点。这对我们提出了新要求，需要我们在实践中善加利用互联网，充分发掘其在经济社会发展上特有的优势，充分应用这一技术，开发收集各类数据资源，强化数据分析、挖掘和利用。

第三节 大数据：数字时代的基石

大数据（big data），或称巨量资料，其概念的兴起至今已超过十年，2014 年后概念体系逐渐成形。麦肯锡全球研究所给大数据的定义是：一种规模大到在获取、存储、管理、分析方面大大超出了传统数据库软件工具能力范围的数据集合，具有海量的数据规模、快速的数据流转、多样的数据类型和价值密度低四大特征。IBM 提出大数据的大量（volume）、高速（velocity）、多样（variety）、低价值密度（value）、真实性（veracity）5V 特点。时至今日，大数据已然成为一个产业，这个产业营利的关键，在于提高对数据的“加工能力”，通过“加工”实现数据的“增值”。从这一视角看，大数据的发展，掌握庞大的数据信息只是产业发展的基石，对这些含有意义的数据进行专业化处理才是其产业战略意义所在。

大数据作为一种概念和思潮，发端于计算领域，之后逐渐延伸到经济社会领域。大多数学者认为，“大数据”这一概念最早公开出现于 1998 年，美国高性能计算公司 SGI 的首席科学家约翰·马西在一个国际会议报告中指出：随着数据量的快速增长，必将出现数据难理解、难获取、难处理和难组织四个难题，并用“big data（大数据）”来描述这一挑战，在计算领域引发思考。2007 年，数据库领域的先驱人物吉姆·格雷指出大数据将成为人类触摸、理解和逼近现实复杂系统的有效途径，并认为在实验观测、理论推导和计算仿真三种科学研究范式后，将迎来第四范式——“数据探索”。他的这一观点开启了从科研视角审视大数据的热潮，被后续研究这一领域的研究者总结为“数据密集型科学发现”。2012 年，牛津大学教授维克托·迈尔-舍恩伯格在其畅销著作《大数据时代》中指出，数据分析将从“随机采样”、“精确求解”和“强调因果”的传统模式演变为大数据时代的“全体数据”、“近似求解”和“只看关联不问因果”的新模式，从而引发商业应用领域对大数据方法的广泛思考与探讨。

一、技术嵌入引发的变革

当前，大数据技术加速与交通、医疗、教育、金融等领域深度融合，技术的嵌入，让社会运行更加高效。研究发展大数据技术，提升政府服务和监管能力，运用大数据推动经济发展、完善社会治理、提升人民群众幸福感与获得感正成为趋势。毫不夸张地讲，在当今世界，大数据技术的迅猛发展正以前所未有的速度重塑着社会的每一个角落，从生产方式到生活方式，从政府治理到经济发展，无一不经历着深刻的变革。这场由技术嵌入引发的变革，不仅推动了社会结构的优化升级，更深刻地影响着人类文明的进程。

新技术的出现与迭代，使大数据技术可以发挥更广泛的作用。如云计算、人工智能、物联网、区块链等技术与大数据技术相互融合、协同发展，构成了当今信息社会的核心驱动力。云计算提供了强大的数据处理和存储能力，使得信息资源的共享与利用更加高效；人工智能则在模拟人类智能的基础上，实现了自主学习、决策与优化，极大地提高了工作效率与创造力；物联网则将物理世界与数字世界紧密相连，实现了万物互联的智能网络；而区块链技术则以其去中心化、不可篡改的特性，为信任机制的建立提供了新的可能。这些技术在大数据的支撑下，给社会带来了前所未有的生产力变革。

技术嵌入对社会生产生活产生深远影响。一方面，技术推动生产方式革新。智能制造、工业互联网等技术的应用，使得生产流程更加智能化、自动化，大大提高了生产效率与产品质量。在技术的加持下，按需生产、个性化定制等新兴生产模式兴起，满足了消费者多样化的需求，促进了产业结构的优化升级。另一方面，技术促进生活方式转变。智能家居、在线教育、远程办公、移动支付等新兴业态的普及，极大地便利了人们的日常生活。人们可以随时随地获取所需信息，享受便捷高效的服务，生活质量显著提升。

技术嵌入提升政府服务与监管能力。其一，技术推动政务服务数字化转型。基于大数据技术，政府可以精准识别群众需求，构建“互联网＋政务服务”平台，实现政务服务事项的在线办理、一网通办，提供更加个性化的服务，极大地提高了政务服务效率和透明度。其二，技术促进监管模式创新。运用区块链技术建立可信追溯体系，确保产品来源可追溯、去向可查询，有效打击假冒伪劣行为。大数据分析则能帮助政府及时发现市场异常波动，预防系统性风险，提升监管效能。其三，技术为智慧决策提供支撑。基于大数据的决策支持系统，能够为政府提供全面、准确的信息支持，帮助政府做出更加科学、合理的决策。通过大数据、人工智能等技术手段，政府可以更加精准地掌握社会动态，提高决策的科学性和时效性。

技术推动经济发展、完善社会治理、提升人民群众幸福感。其一，技术成为经济发展新引擎。大数据已成为数字经济时代的重要生产要素，通过挖掘数据价值，可以催生新的经济增长点，如数据服务、数字金融等新兴业态。其二，技术推动社会治理精细化。大数据分析为精准施策提供了有力支撑，通过大数据分析，政府可以更加精准地掌握社会运行状况，及时发现并解决社会问题。例如，利用大数据分析城市交通流量，优化交通信号灯配时，缓解交通拥堵问题。其三，提升人民群众幸福感。技术嵌入不仅提高了公共服务水平，还促进了教育、医疗、养老等民生领域的均衡发展，推进国家基本公共服务均等化。在线教育打破了地域限制，让优质教育资源惠及更多人群；远程医疗则让偏远地区的患者也能享受到高水平的医疗服务。这些变化，无疑提升了人民群众的获得感、幸福感和安全感。

技术的嵌入，正在引发一场深刻的社会变革，不仅改变了我们的生产方式和生活方式，更在提升政府服务与监管能力、推动经济发展、完善社会治理、提升人民群众幸福感等方面发挥着不可替代的作用。技术嵌入引发的变革，不仅在于当前对经济社会发展的卓越贡献，还会更长远地影响我们的生活状态、经济业态、社会形态等诸多方面。

二、科技革命和产业变革的推动者

大数据技术的出现与发展，带来云计算、区块链、人工智能、工业互联网等技术与产业演进升级，数字技术全面融入经济、政治、文化、社会、生态文明建设各领域和全过程，引发新一轮科技革命和产业变革。在新一轮科技革命和产业变革深入发展推动下，经济社会发生系统性变革，驱动我国加速迈入以数字化、网络化、智能化为主要特征的数字时代。

无论是前面我们论及的互联网，还是现在讨论的大数据，以及接下来将要论及的人工智能、区块链等概念，它们之间并不能割裂开来，彼此之间的发展是相互联系、相互促进的。如果将互联网划分为上下半场，上半场已完美谢幕，正在开启的下半场，正在源源不断生产海量数据以及不断地解决数据收集问题，这些正支撑着大数据的蓬勃发展。大数据技术的高渗透性，正以优化资源配置、提质增效为目标，变革行业的发展，构建起以工业物联为基础和工业大数据为要素的工业互联网，通过人、机、物的深度互联，实现产业链、价值链、要素的全面链接，推动形成基于大数据技术的工业生产制造和服务体系。我国正处于由数量和规模扩张向质量和效益提升转变的关键期，技术的进步不断颠覆传统产业模式、生产组织方式和产业形态，新一轮产业变革正在拉开帷幕。

经济基础决定上层建筑，科技革命和产业变革的成效落脚于经济发展。在互联网出现以前，商场与大型卖场对促进零售业的发展起到了极其重要的作用。而伴随互联网的普及，电子商务平台逐渐兴起，商场与大型卖场对经济社会的贡献不再显得那么重要。与商场与大型卖场要求供需双方必须在同一时空达成交易不同，在电子商务平台的支撑下，发生交易的双方通过电子商务平台连接遍布全球各个角落的消费者、供货方。交易主体从“线下”迁移至“线上”，突破了时空约束，大幅减少了中间环节，依托电子商务平台聚合支付、物流、信用管理等配套服务，降低了交易成本，提高了交易效率。据中国电子商务大会的数据，十八大以来的十年，全国电子商务交易额增长约 7 倍，网上零售额增长近 17 倍，电子商务服务业营收规模增长 160 倍，并呈加速发展趋势。

第四节 人工智能：数据创造奇迹

人工智能是如今热得不能再热的词了，随着 AlphaGo、ChatGPT 等应用的成熟，人工智能（AI）正越来越多地进入并改变着我们的生活。智能搜索、智能导航、智能问诊、智能推荐、智能客服、无人机等人工智能应用场景在当前的生活中比比皆是，甚至在一些大城市开始出现无人驾驶的出租车。可以预见，随着神经科学、脑科学的深入研究和技术突破，人工智能将成为我们生活和工作中一个不可或缺的“物种”，深刻影响并改变我们的生活和工作方式。

当计算机出现后，人类开始真正有了一个可以模拟人类思维的工具，在以后的岁月中，无数科学家为这个目标努力着。1950 年，英国数学家、逻辑学家、计算机之父艾伦·图灵发表了论文《计算机与智能》，提出了著名的“图灵测试”构想。按照图灵的描述，如果一台机器能够与人类展开对话（通过电传设备）而不能被辨别出其机器身份，那么称这台机器具有智能。随后，图灵又发表了论文《机器能思考吗?》。两篇划时代的论文及后来的图灵测试，强有力地证明了一个判断，那就是机器具有智能的可能性，并对其后的机器智能发展做了大胆预测。正因如此，艾伦·图灵被称为“人工智能之父”。

1956 年夏季，麦卡赛、明斯基、罗切斯特和申农等年轻科学家在美国新罕布什尔的汉诺威镇达特茅斯学院一起聚会，他们聚会的主题是研究和探讨用机器来模仿人类学习以及其他方面的智能等问题。这次大会确定了人工智能工程“精确地描述人的学习能力和智慧，并利用机器将这种能力与智慧加以模拟”的发展方向。这一次的聚会，首次正式提出“人工智能”的概念，标志着“人工智能”这门新兴学科的正式诞生。因此，1956 年被公认为人工智能的元年。

简单地理解，人工智能就是让机器能够模仿人类、可以进行思考、变得像人类一样聪明。要生产出一台可以进行思考并变得像人类一样聪明的机器，就要理解什么是思考；明白了什么是思考，才可以进行下一步，探寻什么是智慧。无论是汽车、火车、飞机、轮船等交通工具，还是生活中常见的手机、电视、平板、洗衣机、智能穿戴设备等电子产品，它们在一定程度上通过模仿我们身体器官的功能，提高我们的效率。但毫无疑问，它们不能模仿我们大脑的功能，因而算不上人工智能。实际上，迄今为止就连我们自己对大脑这个东西都知之甚少，也仅仅知道这个装在我们天灵盖里面的东西是由数十亿个神经细胞组成的器官。因而，要模仿它或许是天下最困难的事情了。

一、人工智能的起点

鸟类为什么能够飞起来？我们首先想到的是鸟儿有一对翅膀。为了飞行的梦想，在技术落后的时代，我们的祖先创造了许多空中飞行的神话和传说，“嫦娥奔月”就是典型的代表。我国古代文献记载也不乏关于飞行的探索。据《汉书·王莽传》记载，在西汉末年，王莽为伐匈奴，招募各地能人加入，为此在长安举行了飞行表演，还真引来了一个“会飞”的能人，此人“取大鸟翮为两翼，头与身皆着毛，通引环纽，飞数百步，坠”。这个记载表明了古人对飞行的朴素理解，那就是要有两个翅膀，并且像鸟一样有着羽毛。这种模仿虽然创意很好，但即便在人身上绑上鸟的羽毛，也不可能让人真的飞起来。但是，不可否认，这种设想符合人的直觉。在人工智能领域的早期，科学家在人工智能的实现上也走过一段类似的历程，学术界把这样的方法论称作“鸟飞派”，这一方法在当前也被认为是传统的人工智能方法。

持“鸟飞派”观点的科学家在人工智能研究和发展上的思路就是让机器模仿人，比如利用仿生学模拟人的动作、语言学习上让机器学习语法、让机器像人一样思考。在“鸟飞派”这一思想的引导下，人工智能的发展，首先了解人类是如何产生智能的，然后让计算机按照人的思路去做。而事实上，无论是战胜人类的围棋冠军的 AlphaGo，还是当前火爆的语言模型 ChatGPT，科学家在创造它们时都没有坚持“机器要像人一样思考才能获得智能”，但这些应用却在某一领域拥有了像人类一样的甚至远超人类的智能。即便是这样，时至今日，仍然有很多所谓的“专家”在谈及这些人工智能时依然想象着“机器在像我们那样思考”。事实上，当我们回到图灵博士描述机器智能的原点时就能发现，人类创造人工智能的目标是让机器解决人的问题，而不是让机器像人类一样进行思考，或者采取人类解决问题的办法去解决问题。

为什么传统的人工智能方法在今天看来有点天真呢？其实道理很简单，因为这是根据我们的直觉最容易想到的方法。就像前面提到的关于飞行的研究，在没有掌握空气动力学之前，人类完成飞行梦想最容易想到的方法就是遵循鸟类飞翔的逻辑。于是就开始模仿鸟类，将鸟的羽毛做成翅膀绑在人的胳膊上往下跳，当然实验的结果都可想而知。这使得飞机的发明长期陷入了停滞，因为事实证明模仿鸟飞翔的逻辑根本行不通。幸运的是，后来人类通过掌握空气动力学发明了飞机，最终设计出来的飞机也没有和鸟一样需要扇动翅膀。从我们当前的视角，再去回首飞机创造过程，一定认为“鸟飞派”的这种做法就是一个笑话，这只不过是因为我们都见过了飞机。事实上，当我们接触到一个新事物或要创造一个新科技时，往往会根据我们的直觉去理解，这是人类认识世界的普遍规律，人工智能的发展历程也是如此。

在人工智这个概念刚被提出时，“鸟飞派”的科学家通过仿生模拟大脑的方式让机器理解人类知识，并进行大量的研究。但令人遗憾的是，经过十几年努力，这些科学家发现要让人工智能这个“机器在像我们那样思考”并不是件容易的事情。当时，研究出来的智能机器只能按照固有的程序和指令，实现一些简单的动作，而对于诸如语音识别和处理这类复杂的工作，研究出来的人工智能根本无所适从。“鸟飞派”这种实现方式收效甚微，以至于在计算机领域具有崇高声望、人工智能概念提出者明斯基都认为“鸟飞派”的研究方法无法让机器真正拥有类似于人的智能。

二、数据发挥的重要作用

“鸟飞派”的止步不前让研究人工智能领域的科学家开始另辟蹊径。1972 年，康奈尔大学的教授贾里尼克加入了 IBM 的语音识别实验室，创新了人工智能的研究。贾里尼克是一位通信领域的专家，在他看来，语音识别的本质并非人工智能，而是通信问题。结合 IBM 在通信领域多年来积累起的数据，贾里尼克团队开始尝试人工智能的另一条发展之路——采用数据加算法的方法，拉开了人工智能在语音识别技术上的大幕。

在此之前，科学家把语音识别问题当作人工智能和模式匹配问题。研究的方法集中在两方面：一是特征提取，让语音识别尽可能地模拟人类的发音特点和听觉特征，科学家对此各持己见，采用各自不同的方法。这些研究很难比较哪一个更好，而且这些和人的发音或者听力相关的特征也很难统一到一个系统中。二是基于语法和语义规则，用人工智能的方法理解人所讲的完整的语句。根据语法和语义规则，与我们学习外语差不多，先识别单词，再定义单词的组合规则，分析句子的结构。令人遗憾的是，通过 20 多年的时间，语音识别的人工智能在实验室环境下只能识别几百个单词，且识别准确率只有 70% 上下。

20 世纪 70 年代的 IBM 为科学家们提供宽松的科研环境，任由杰出科学家做自己感兴趣的研究。在那种宽松的环境里，贾里尼克团队结合自身对语言识别的理解，提出了统计语音识别的框架结构。他们把语言识别当成通信问题，并用 IBM 足够庞大的语音数据，一举突破了语音识别的难题。贾里尼克团队解决语音识别难题所用到的方法需要使用大量的数据，因此又被称作数据驱动的方法。与“鸟飞派”科学家不同的是，这种方法最大的好处是随着数据量的不断积累，系统会变得越来越聪明，越来越接近于人类的智能。

站在现在的视角，人工智能需要具备算力、算法、数据三要素。“鸟飞派”科学家在将统计的方法应用于语音识别时，遇到了两个不可逾越的障碍：一是当时的计算机的运算能力有限，人工智能缺乏计算能力强大的计算机，也就是算力的不足；二是数据资源贫乏，缺乏大量可以用于统计的机读文本语料，也就是训练算法和实现算法所需的数据信息不足。而到了 20 世纪 70 年代的 IBM，虽然计算机的计算能力不能和今天相比，但是已经可以做不少事情了。贾里尼克团队基于统计的自然语言处理方法取得的突破，有着历史的必然性。首先，只有 IBM 有足够强大的计算功能和数据。

其次，贾里尼克团队已经在这个领域做了十多年的理论研究，且当时正在IBM工作。最后，20世纪70年代是小沃森将IBM的业务发展到顶点的时代，IBM对基础研究的投入力度非常大。

事实上，贾里尼克团队的突破对人工智能的发展影响深远。这一突破不但使得语音识别从实验室走向应用成为可能，而且为自然语言处理奠定了基础。贾里尼克也由此被 *Technology* 杂志评为20世纪100名发明家之一，当选为美国工程院院士。人工智能在语音识别取得突破之后，越来越多的领域开始使用数据驱动的方法来解决领域内人工智能的问题。特别是在互联网出现以后，数据的获取变得非常容易。通过互联网，不仅数据数量上有了突破，数据的品质也越来越高。原来难以获得的数据，在互联网时代要获得并非难事。在数据的驱动下，人工智能在自然语言处理、计算机视觉、智适应学习、自主无人系统等专业领域，开始展现其特有的优势。在1996年，国际象棋世界冠军加里·卡斯帕罗夫在纽约与IBM开发的超级计算机深蓝进行了历史性的六局对弈比赛，卡斯帕罗夫以4:2的比分战胜了深蓝，但是在1997年的复赛中，卡斯帕罗夫不敌深蓝，以失败告终。

三、模拟神经元的人工智能

2012年，微软研究院的创始人里克·雷斯特教授在“二十一世纪的计算”大会做主题演讲时，展示了一套实时语音机器翻译人工智能。展示时，里克·雷斯特教授本人的英语演讲经由该人工智能处理，实时自动翻译成中文。更让在场观众无不惊叹的是，该人工智能通过在演讲前1小时学习里克的演讲录音，模拟了里克·雷斯特教授的发音特点，实现了以他的声音进行中文朗读，将以往难以想象的事情变成了现实。里克·雷斯特教授展示的实时语音机器翻译人工智能流畅的语言能力、个性化的声音，使得位于翻译塔尖的同声传译失去了光彩，突显出在语音领域人工智能的优势。

里克·雷斯特教授展示的这套实时语音翻译系统是基于神经网络算法研发的人工智能。论及神经网络算法，大部分人对此认定这是一种很深奥、复杂并且高大上的技术。即便是很多对神经网络算法不了解的技术人员同样会产生这样的认知。实际上，神经网络算法是一种模仿人类思考方式的模型，就像飞机为了减小空气阻力，模仿鸟的形态一样，其借鉴了生物学的结构。通俗地理解，神经网络算法结构非常简单，拆开来看就是一种将简单结构进行组合，类似于人类的神经元，以简单的功能叠加从而解决复杂问题。

神经网络算法是 20 世纪 80 年代以来人工智能领域兴起的研究热点之一，也是当今应用最广泛的算法。无论是我们办理政务服务时的人脸识别，还是我们常用的搜索引擎，或者是前面我们谈到的 AlphaGo 与 ChatGPT，背后都有神经网络算法的身影。很显然，神经网络算法的基础是神经网络。我们理解的神经网络包含两种：一种是生物神经网络；一种是人工神经网络。在人脑中大约有 860 亿个神经元，这些神经元相互联结构成了极其复杂的神经网络系统，这也是人类能够思考的物质基础。人工神经网络由生物神经网络发展而来，是科学家在研究人脑构造，通过模拟神经元的功能而创造出来的神经网络系统。人工神经网络由很多个计算单元组成，每一个计算单元都有强大的计算能力。这些计算单元之间相互连接形成一个网状的结构，网状结构具有很强的包容性，因此这种设计使得神经网络具有很强大的学习能力。创立于神经网络算法的人工智能，其工作原理是模拟人类思考过程，因而能够实现"自主"思考。

神经网络算法发展到今天已经变成人工智能领域的优选算法。神经网络算法可以在实际产生的数据集里面训练，也可以在由人工智能自主生成的数据集里面训练。以 AlphaGo 为例，击败李世石的 AlphaGo 基于深度学习和强化学习技术，通过学习人类棋手的棋谱数据和自我博弈进行深度学习，同时用强化学习的方式进行训练和优化；击败柯洁的新版本 AlphaGo，没有利用人类棋谱数据，而是通过自己创造棋谱，自我对弈进行学习，不断优化自己的落子策略来提高自己的胜率，从零开始构建自己的围棋知识。

第五节　区块链：构筑数字文明的底座

2008 年末，一位自称日裔美国人中本聪发布了一篇论文《比特币：一种点对点的电子现金系统》。这篇论文提出了一种基于去中心化、分布式账本的电子货币系统，用以解决传统金融体系中存在的问题，如可信性、费用高昂、国际支付速度慢等，标志区块链这一技术诞生。区块链采用了哈希算法、非对称加密等技术，实现了交易的安全、去中心化和可追溯性。随着时间的推移，越来越多的技术人员开始意识到区块链技术的潜力。除了电子货币以外，区块链技术还可以应用于物流、供应链、版权保护等领域，为诸多行业带来新的商业模式和增长机会。以太坊的智能合约更是为区块链技术的应用拓展了无限可能。区块链从诞生至今，其应用范围不断拓展，技术也在持续地演进和完善，区块链技术成为人们关注的热点话题。

区块链的广泛应用，正在全球范围掀起可信价值互联网络为特征的商业模式改变：政务服务的数据共享和电子证照、金融的供应链金融及全球的 CBDC（Central Bank Digital Currency）、医疗健康的医联体或健联体、工业制造的工业数据要素打通及产品溯源等。这些领域借助区块链技术的多方可信协作对当前的业务流程进行创新重构，提升了业务本身的效率，降低了成本，也解决了传统模式下数据无法流动的症结。各领域应用快速发展也在不断催生更多的区块链应用创新和技术突破。时至今日，区块链技术是构建未来数字空间的信任基石，是促进云计算、大数据和人工智能等形成新兴技术交叉融合体的关键，并重构数字经济发展生态。

一、通往信任世界的新大门

作为一项被认为将引领全球新一轮技术变革和产业变革的新技术，区块链被认为是“下一代颠覆式创新技术”。区块链是“分布式数据存储、点对点传输、共识机制、加密算法等计算机技术在互联网时代的创新应用模式”。简单来说，区块链技术就是一个经过特殊加密、遵循少数服从多数原则、同时记录同一笔交易的大账本。区块链的本质为分布式账本的互联网数据库技术，具有去中心化、全程留痕、不可篡改、可追溯、集体维护等特点。这些特点使区块链能够在金融、智能制造、物联网、供应链管理、数字资产交易、社会治理、民生服务等多个领域的应用场景中发挥重要作用。在实践应用中，由信息生产部门负责记录存储信息，也就是“区块”，而信息使用相关方之间通过“链”式加密方式传递，在这一过程中，任何人都可以进行记账，这种机制使得区块链网络具有高度的抗攻击性和可靠性，不易被篡改和攻击。从上述对区块链的描述不难发现，相对传统信任机制，区块链具有更高维度的可信性，是一扇通往信任世界的新大门。

传统的商业交易中，我们从某商城购买一件商品，只有交易双方知晓此次交易，如果某一方否认发生此次交易，则难以举证交易的真实性。为了解决信息不对称、交易不可信等问题，形成了像电商、社交、内容等信息互联网商业模式，使信息得以有效分享。同样是上面的交易，如果发生在淘宝、京东这类在线交易平台，除了交易双方，平台也会知晓此次交易，如果此时某一方否认发生此次交易，则有多方可以举证交易真实发生。在商品交易过程中，知晓者越多，交易的透明性越好，交易发生后也就越难否认。如果我们的商品交易有区块链的参与，交易时买卖双方就同时向全网报备交易，区块链上的每一个节点就同步记录下这笔交易。一个个小账本构成了一个超大账本，同一笔交易在不同的小账本上保持一致，公开透明，无法篡改。区块链解决了交易过程中的信任问题，构建起基于信息互联网上的价值网络，对代表价值的资产进行可信的数字化连接，并记录它们在各方之间的流动、权益分配等完整过程，大幅简化交易在传统流转环节中各方协同的摩擦。

区块链技术的核心竞争力是解决了信任问题。简单理解，区块链就是一种无需信任积累的信用建立范式，存在于区块链中的任何一方，通过一定的合约机制，不再需要一个中间方，就可以达成信用共识。对于数字世界，区块链的意义在于以技术保证建立了一套去中心化的、公开透明的信任系统，从而让数字世界跟物理世界一样真实。当前的数字世界，互联网在区块链的深远影响下，正在由信息互联网时代迈向价值互联网时代。在这一时代，云计算、人工智能是新生产力，大数据是生产资料，而区块链是生产关系，贯穿整个数字世界的技术体系。区块链的出现与应用，让我们能够在互联网上像传递信息一样方便、快捷、低成本地传递价值。

二、数字文明时代的标配

在万物互联化、数据网络化、场景可视化、流程链上化、资产数字化的数字时代，数字货币的到来与使用将成为一种趋势。从最初的以物易物到金属充当一般等价物，从农耕文明时代的交子到工业文明时代的纸币，货币是跟随人类经济形态、文明发展而演进的，货币的形态与人类文明息息相关。随着数字经济的滚滚而来，数字经济不仅有超乎寻常的增长趋势，而且将爆炸性地向经济和社会各个领域渗透、扩张。数字货币走上历史舞台已是大势所趋，就如交子最终被纸币替代一样，数字货币替代现有的纸币是人类文明发展的必然选择。

数字货币广义上可指代以数字方式表示价值的任何实物或虚拟物品，国际清算银行（BIS）将数字货币定义为以数字形式表示的资产。相较于传统货币，数字货币天然具有便捷性、低成本等特征，此外还承载了人们对货币安全性与隐私性的期待。1992 年，计算机科学家和密码学家 David Chaum 提出了 eCash 和 cyberbucks 两种数字货币系统，是目前公认的最早的数字货币概念。从数字货币概念的提出，其经历了数字黄金币、比特币以及 Facebook 发布的 Libra 等数字货币概念。比特币是数字货币发展史中的重要节点。基于区块链开发的比特币具有加密保护、去中心化等特征，解决了此前数字货币安全性的问题。Libra 作为非法定货币、去中心化的数字货币将直接对各国中心化的传统货币造成威胁。该威胁可视为一种由企业发行的非国家法定货币，在功能、流通、用户方面，可完美替代或优于现有的多数国家法定货币，这将直接影响各国货币自主权及金融体系。正因为如此，2019 年 Facebook 发布 Libra 白皮书，引发多国政府对于数字货币监管的讨论，成为各国政府集中开发法定数字货币（CBDC）的催化剂。

数字人民币是我国法定的数字货币，由中国人民银行发行，是有国家信用背书、有法偿能力的法定货币。数字人民币研究起步早，2014 年中国人民银行就成立专门团队，开始对数字货币发行框架、关键技术、发行流通环境及相关国际经验等问题进行专项研究。历经 5 年时间的打磨，2019

年底，数字人民币相继在深圳、苏州、雄安新区、成都及冬奥场景启动试点测试。数字人民币本质就是人民币，它是国家推出的法定货币。与银联支付、微信、支付宝等支付平台不同，数字人民币交易不是在某个银行账上的资金的转移，本质上是一笔现金支付，只不过被完全数字化了而已。因此，数字人民币的消费是不需要转账的，在没有网络的情况下，也可以使用。当然，数字账户上的钱并不会产生利息。与比特币、Libra 等虚拟币相比，数字人民币是法币，与法定货币等值，其效力和安全性是最高的。而比特币、Libra 等是一种虚拟资产，因不享受任何主权信用担保，因而被认为没有任何价值基础，难以保证价值稳定。这是央行数字货币与比特币、Libra 等加密资产的最根本区别。

第六节　元宇宙：未来世界可能的样子

元宇宙近年来是一个热门概念。2021 年，元宇宙概念猛然间爆发于互联网行业，并迅速向多领域蔓延。在行业大佬、互联网巨头、资本的加持下，元宇宙出圈，并被视为企业发展的新风口和互联网发展的下一阶段。元宇宙在网络上有很多讨论，绝大多数讨论基本上都围绕元宇宙究竟是什么这么一个问题。对于一个极具话题性的概念，我们仍需要反复讨论其定义本身，这也算是颇为独特的一个现象了。时至今日，元宇宙概念还没有一个得到学界或社会公认的认识，导致部分人对元宇宙产生了怀疑和观望。

元宇宙并不是一个新兴概念，而是旧概念的重提。现有的研究表明，元宇宙一词最早出现在科幻作家尼尔·斯蒂芬森 1992 年出版的小说《雪崩》中。在《雪崩》的描述中，元宇宙是一处工作和休闲之所，是自我实现和体力消耗之所，更是艺术和商业的中心。值得一提的是，虽然斯蒂芬森在小说中描绘的愿景很生动，对许多人来说也很受鼓舞，但小说是反乌托邦的，其背景设定是 21 世纪初。全球经济崩溃已持续多年，元宇宙的存在并未改变背景设定，而是让现实生活变得更糟糕。虽然《雪崩》影响深远，但其实斯蒂芬森在这本书中并没有给出元宇宙的明确定义，他所描述的是一个持续存在的虚拟世界，它几乎和人类生存的方方面面都有联系，与其互动并对其产生影响。

一、从科幻场景到技术实现

人类对未来的思考，很多是以科幻作品的形式出现，对虚拟世界的描述，也早就有各类作者给出了充分的想象。自科幻作家尼尔·斯蒂芬森用“元宇宙”为我们描述了虚拟世界的精彩，越来越多的作家甚至是科学家将超前的认识和对未来的思考，以他们生动的作品，为我们展现“元宇宙”可能的样子。斯蒂芬森在书中用 metaverse 这一概念，meta 意为超越，verse 来自 universe，也即宇宙，因此元宇宙就是超越现实宇宙的宇宙。在当下，随着新一代信息技术的快速发展，社交平台、聊天软件、电子游戏等在内的众多互联网应用程序，依托互联网、物联网、大数据、人工智能等技术而构建起一个个独立的虚拟空间。随着技术的积累和突破，虚拟世界不再是科幻作品中的存在，而是我们生活中的场景。因此，置于当下的技术条件，元宇宙也就是依托于网络世界的虚拟宇宙。

对于元宇宙，早期的电影《黑客帝国》给出了更直观而且更激进的阐释。在这部影片中，世界真正打通了虚拟和现实的边界，在美好的虚拟世界和残酷的现实世界中，主人公选择了后者，因为所谓的虚拟世界都是计算机通过连接器，以电信号的形式传递给大脑，从而实现了各种各样的知觉和意识，而这种虚拟世界只是用来囚禁灵魂的工具。在 2018 年很火爆的《头号玩家》中，游戏鬼才哈利迪就打造了一个虚拟的游戏宇宙，通过佩戴 VR 眼镜，游戏玩家可以自己身处于现实世界当中，并可以自由出入到这个虚拟世界进行游戏和生活。

事实上，元宇宙离我们并不遥远。当前，我们通过 VR 技术（虚拟现实）、AR 技术（增强现实）、MR 技术（混合现实）、区块链等技术的结合来满足沉浸式体验的感受，通过数字孪生技术打造真实世界的镜像和维度，来打造平行于当下世界的另一个空间，密切融合现实世界的虚拟现实世界。

2018 年 5 月，美国加利福尼亚州迪士尼星球大战沉浸式乐园开业，迪士尼除了真实还原影视中的场景，还利用新技术来模拟各种星球大战的画面，让玩家在一定程度上获得身临其境的感觉。2021 年 3 月，沙盒游戏平台 Roblox 公司率先在其招股说明书中融入了元宇宙理念，随后成功登陆纽约证券交易所，上市首日便以惊人的市场表现震撼了科技界与资本市场，市值一举跃升至超过 400 亿美元，引起广泛关注与热议。在工业应用场景中，三一重工的技术专家，可以通过百度智能云“工业 AR 远程协助系统”，指导千里之外的人员戴上 AR 眼镜维修设备。这种跨越千山万水的即时互动，不仅提升了生产效率，更让技术知识在团队间无缝传递，激发了无限的创新可能。在旅游业，元宇宙使得旅游不再受限于现实世界的物理规则，游客可以瞬间“穿越”到巴黎的埃菲尔铁塔之巅，俯瞰整个城市的壮丽景色；或者潜入深邃的海洋，与五彩斑斓的珊瑚礁和海洋生物近距离接触，体验一场前所未有的海底探险。更让人惊奇的是，元宇宙还能根据游客的兴趣和偏好，动态调整游览路线和场景，比如为摄影爱好者提供最佳光影拍摄点，为文化探索者呈现详细的历史解说，让每一次旅行都成为一次个性化十足的深度体验。元宇宙应用于演唱会，观众不再需要为了争夺前排位置而提前数小时排队，只需戴上 VR 头盔，就能瞬间置身于万人瞩目的舞台中央，与偶像面对面。在音乐会现场，通过技术的参与，舞台布景和光影效果会根据每位观众的情绪和动作进行实时调整，营造出一种前所未有的沉浸式体验。此外，元宇宙还为观众提供了丰富的互动功能，观众可以通过手势、语音甚至眼神交流，与身边的虚拟观众分享喜悦，共同营造出一种跨越时空的音乐共鸣。不难想象，置身于这样的演唱会，不仅是一场视觉和听觉的盛宴，更是一次心灵的触动和情感的交流。这一系列的现实应用标志元宇宙已经从科幻概念走到技术现实，正带领我们进入一片美好的星辰大海。

二、是炒作，还是真未来

2021 年被称为“元宇宙”元年，国内国际顶尖互联网公司纷纷布局元宇宙，其中就有苹果、Facebook、微软、英伟达、百度、腾讯、网易等，腾讯、阿里巴巴、字节跳动等国内科技巨头将公司目标定位为元宇宙的领导者，Facebook 更是一举将公司名改为 Meta Platforms，彰显其进军元宇宙的决心。随着相关技术不断进步，元宇宙概念实现基础和现实诉求更进一步，体现在资本市场上便是投融资事件爆发式增长，相关概念企业如雨后春笋般涌现。麦肯锡最新报告显示，2022 年已有近 1200 亿美元，折合超过 8000 亿元人民币资金注入元宇宙投资，是 2021 年全年投资额 570 亿美元的两倍多。置于当下，无论是全球科技圈，还是资本圈，元宇宙的话题的热度似乎只增不减。

无论是从资本还是技术层面看，元宇宙的发展将会与人工智能的发展有异曲同工之处。当人工智能概念提及时，经历了乐观浪潮，接着是失望和资金损失，直到大数据、云计算、互联网、物联网等新一代信息技术的发展，泛在感知数据和图形处理器等计算平台推动以深度神经网络为代表的人工智能技术飞速发展，人工智能实现了从“不能用、不好用”到“可以用”的技术突破，迎来爆发式增长的新高潮。从技术视角看，技术发展与应用不断迭代升级是发展的必然趋势。从人工智能被提及当前的发展历程，可以证明其没有一个终极版本，而元宇宙也是如此。从元宇宙概念进入大众视野的那一刻起，我们被元宇宙的超时空颠覆性所震惊。颠覆的一面是巨变，另一面是时机，元宇宙正是这样一个时机，它正带领我们进入一片美好的星辰大海，但似乎对于我们又像星辰大海一样充满未知。值得我们期待的是，虽然元宇宙没有“终极版本”，但它会像人工智能的发展一样，从“不能用、不好用”到“可以用”分期为我们兑现。

虽然元宇宙的一些应用已在我们生活的场景中出现，但与“可以用”的元宇宙相比，其发展还将面临漫漫长路。至少到目前为止，元宇宙还只是一种尚不明确的构想，而不是一种实际可感知的产品。但值得我们关注和审视的是，一项新技术诞生后，资本、社会和个人会对其作出反应，从而产生新的行为和新的产品，这将反过来促进这项技术产生新的用例，从而激发更多新的行为和创造，如此往复，直至技术的成熟应用。无论是当前给我们经济、生活带来巨大贡献的互联网，还是当前人工智能的发展，都将印证我们对元宇宙的关注和审视。

现在的我们还无法确定元宇宙到来时“生活中的一天”是什么样子，以及那将带给我们怎样的体验。这就像我们1994年接入互联网时很难预测到它今天的使用方式一样，当前的我们无法准确预测将如何使用元宇宙，以及元宇宙将给我们的日常生活带来哪些改变。这就像开了两个月的达特茅斯会议没有达成普遍的共识，但是为会议讨论的内容起了“人工智能”这么一个名字一样。当前的我们无论坚定认为元宇宙一定会到来，还是对此持怀疑态度，或是介于两者之间，我们都应该接受这样一个事实：元宇宙已从科幻走进现实，技术的实现远比文学作品乐观。

第二章

从数字乡村到数字中国

近年来，以大数据、人工智能等为代表的新一代信息技术创新空前活跃，数字经济已成为全球经济发展新引擎，推动全球经济格局和产业形态深度变革。迎接数字时代，《“十四五”规划和2035年远景目标纲要》提出加快数字化发展，建设数字中国，激活数据要素潜能，推进网络强国建设，加快建设数字经济、数字社会、数字政府，以数字化转型驱动生产方式、生活方式和治理方式变革。按照国家的战略布局，以数字化助推城乡发展和治理模式创新，全面提高运行效率和宜居度。分级分类推进新型智慧城市建设，将物联网感知设施、通信系统等纳入公共基础设施统一规划建设，推进市政公用设施、建筑等物联网应用和智能化改造。完善城市信息模型平台和运行管理服务平台，构建城市数据资源体系，推进城市数字大脑建设。探索建设数字孪生城市。加快推进数字乡村建设，构建面向农业农村的综合信息服务体系，建立涉农信息普惠服务机制，推动乡村管理服务数字化。因此，有必要对数字乡村、智慧城市和数字中国进行讨论。

第一节　数字乡村

数字乡村是伴随网络化、信息化和数字化在农业农村经济社会发展中的应用，以及农民现代信息技能的提高而内生的农业农村现代化发展和转型进程，既是乡村振兴的战略方向，也是建设数字中国的重要内容。数字乡村是数字中国建设的内在要求和重要内容，是建设未来新乡村、顺应数字化时代发展的战略需要。随着数字技术快速发展，让数字技术走进乡村、带动乡村发展是落实数字中国建设的重要实践形式，大力推进数字乡村建设对推进数字中国战略意义重大。

2019 年，中共中央办公厅、国务院办公厅印发的《数字乡村发展战略纲要》指出，立足新时代国情农情，要将数字乡村作为数字中国建设的重要方面，加快信息化发展，整体带动和提升农业农村现代化发展。数字乡村是数字政府与数字中国的重要组成部分，其建设的推进将进一步解放和发展数字化生产力，为当前农业农村发展、农业强国建设奠定坚实基础。数字乡村构建起一个以知识更新、技术创新、数据驱动为一体的乡村经济发展政策体系，并在当前经济体系基础上，建立起一个层级更高、结构更优、可持续性更好的乡村现代化经济体系。数字乡村赋能农业农村治理，开创了基层治理新格局，建立起灵敏高效的现代乡村社会治理体系，发挥信息化在推进乡村治理体系和治理能力现代化中的基础支撑作用，开启城乡融合发展和现代化建设新局面，推动农业农村现代化、城乡基本公共服务均等化、乡村治理体系和治理能力现代化、生态宜居的美丽乡村基本实现。

数字乡村建设，将进一步解放和发展数字化生产力，在我国广阔的农村构建以知识更新、技术创新、数据驱动为一体的乡村经济发展政策体系，促进建立层级更高、结构更优、可持续性更好的乡村现代化经济体系，达成灵敏高效的现代乡村社会治理体系，开启城乡融合发展和现代化建设新局面。当前，在党中央的一系列战略决策部署下，我国农村信息基础设施加快建设，线上线下融合的现代农业加快推进，农村信息服务体系加快完善。但是，在数字乡村建设过程中，同时也存在顶层设计缺失、资源统筹不足、基础设施薄弱、区域差异明显等问题，亟须进一步发掘信息化在乡村振兴中的巨大潜力，促进农业全面升级、农村全面进步、农民全面发展。

一、数字乡村的起步与发展

实际上，我国在 20 世纪 80 年代就启动了农业农村信息化的探索之路，为系统建设数字乡村奠定了基础。1987 年，原农业部成立农业农村部信息中心，开始重视和推进计算机技术在农业和农村统计工作中的应用。1993

年，原农业部成立农村经济信息体系领导小组，强调信息体系建设和信息服务工作。1994 年，中国农业信息网开通，标志我国农业信息化进入新的发展阶段。也是这一年，国家经济信息化联席会议第三次会议提出“金农”工程，农业信息基础设施建设铺开规模，国家级农业数据库开始完善。1999 年，科学技术部发布《关于农业信息化科技工作的若干意见》和《国家 863 计划数字化农业信息技术应用示范工程实施办法》，提出建立一批农业信息化示范区，并发挥辐射和样板作用。2005 年，中央“一号文件”《关于进一步加强农村工作提高农业综合生产能力若干政策的意见》提出要“加强农业信息化建设”，改善农业发展环境，提高农业综合生产能力，标志着信息化在农业农村领域的应用上升至顶层设计。2006 年，中央“一号文件”《关于推进社会主义新农村建设的若干意见》再次强调“要积极推进农业信息化建设”，强调充分利用和整合涉农信息资源，夯实社会主义新农村建设的经济基础。2007 年，是我国农业和农村信息化工作的关键年，也是我国农业和农村信息化发展进入快车道的标志年。在这一年，中央“一号文件”把农业信息化作为建设现代农业的科技支撑，并明确作出了一些规定。这些内容丰富、准确的阐述为今后我国农业和农村信息化的建设和发展指明了方向，全国上下在 2007 年初就全面进入了农业和农村信息化基础设施建设、信息资源整合、服务模式和技术创新的全面发展阶段。

在当时国家宏观政策的引导下，全国农业和农村信息化建设迅猛发展，取得了显著成绩。在中央层面，为推动我国农业和农村信息化建设，信息产业部、农业部、科技部、商务部、教育部等十几个部委相继启动了“村村通电话工程”“金农工程”农村信息化示范基地建设工程、农村中小学远程教育工程等项目。这些工程项目的建设有力拉动了信息技术在农村的普及应用。同时，项目的实施推动农村信息基础设施逐步完善，农业信息资源开发力度不断加大，信息技术开始在沿海发达地区的农村广泛应用，有力地促进了农村经济社会发展和农民增收。

随着 5G、物联网、大数据、云计算、人工智能等新一代信息技术的发展，数字技术与农业农村深度融合已经成为时代趋势。在乡村振兴战略和建设数字中国的大背景下，党和国家更加重视数字乡村建设顶层设计，厘清建设重点任务，加速推进数字乡村建设，助力乡村全面振兴，以全面实现农业强、农村美、农民富。2015 年，中央一号文件首次提出“农村电子商务”，为乡村数字经济开启了探索阶段。2016 年，农业部《“十三五”全国农业农村信息化发展规划》对农业农村信息化建设成就进行了系统总结，为数字乡村建设打下了坚实基础。党的十九大报告中，提出了网络强国、数字中国、智慧社会的部署，首次提出实施乡村振兴战略。随后在《中共中央　国务院关于实施乡村振兴战略的意见》中，首提实施数字乡村战略。中央“一号文件”明确“实施数字乡村战略”，2018 年，中共中央、国务院印发《乡村振兴战略规划（2018—2022 年）》。2019 年，中央“一号文件”强调“加强国家数字农业农村系统建设”壮大产业的抓手；2019 年 5 月，中共中央、国务院出台《数字乡村发展战略纲要》，明确数字乡村的定义和不同时间段的目标，首次提出“发展农村数字经济”。2020 年 1 月，农业农村部、中央网络安全和信息化委员会办公室联合制定《数字农业农村发展规划（2019—2025 年）》，提出数字农业农村主要发展指标和完善数据采集体系；2020 年，中央“一号文件”要求“开展国家数字乡村试点”；2020 年 5 月，中央网信办、农业农村部、国家发展改革委、工业和信息化部联合印发《2020 年数字乡村发展工作要点》，部署了 8 方面 22 项重点任务；2020 年 7 月，中央网信办、农业农村部、国家发展改革委、工业和信息化部、科技部、市场监管总局、国务院扶贫办等部门印发《关于开展国家数字乡村试点工作的通知》，提出 7 个方面的工作，并于 2020 年 9 月公示了全国 32 个省份、117 个国家数字乡村试点名单。2021 年中央“一号文件”要求“实施数字乡村建设发展工程”。同年，《“十四五”规划和 2035 年远景目标纲要》强调要“加快推进数字乡村建设”。随后，《“十四五”国家信息化规划》发布，将数字乡村发展列为十大优先行动之一，明确数字乡村建设的优先地位。2022 年中央“一号文件”强调要“大力推进数字乡村建设”，加强农民数字素养与技能培训，并加快推动数字乡村标准化建设，研究制定发展评价指标体系，持续开展数字乡村试点。《数字乡村发展行动计划（2022—2025 年）》进一步明确“十四五”时期数字乡村发展目标、重点任务和保障措施，对数字乡村工作进行全面部署。2023 年，中央网信办等五部门印发《2023 年数字乡村发展工作要点》，为数字乡村发展部署 10 个方面 26 项重点任务。

二、数字乡村的战略目标

根据国家在数字乡村的战略布局，数字乡村的发展分以下几个阶段。

第一阶段是到2020年，数字乡村建设取得初步进展。依照国家的发展计划，全国行政村4G覆盖率超过98%，农村互联网普及率明显提升。据第47次《中国互联网络发展状况统计报告》的数据，农村数字经济快速发展，建成一批特色乡村文化数字资源库，“互联网+政务服务”加快向乡村延伸。网络扶贫行动向纵深发展，信息化在美丽宜居乡村建设中的作用更加显著。经过各级各部门的共同努力，已顺利完成了国家在这一阶段的目标。

当前，我们正在面临数字乡村发展的第二阶段：到2025年，数字乡村建设取得重要进展。乡村4G深化普及、5G创新应用，城乡数字鸿沟明显缩小。初步建成一批兼具创业孵化、技术创新、技能培训等功能于一体的新农民新技术创业创新中心，培育形成一批叫得响、质量优、特色显的农村电商产品品牌，基本形成乡村智慧物流配送体系。乡村网络文化繁荣发展，乡村数字治理体系日趋完善。

在这一阶段，国家加快信息化发展，推进数字乡村建设。一是加快乡村信息基础设施建设。大幅提升乡村网络设施水平，完善信息终端和服务供给，加快乡村基础设施数字化转型。二是发展农村数字经济。夯实数字农业基础，推进农业数字化转型，创新农村流通服务体系，积极发展乡村新业态。三是强化农业农村科技创新供给。推动农业装备数字化，优化农业科技信息服务，解决农业生产难题。四是建设智慧绿色乡村。推广农业绿色生产方式，提升乡村生态保护信息化水平，倡导乡村绿色生活方式。五是繁荣发展乡村网络文化。加强农村网络文化阵地建设，加强乡村网络文化引导。六是推进乡村治理能力现代化。推动“互联网+党建”，提升乡村治理能力。七是深化信息惠民服务。深入推动乡村教育信息化，完善民生保障信息服务。八是激发乡村振兴内生动力。支持新型农业经营主体和服务主体发展，大力培育新型职业农民，激活农村要素资源。九是推动网络扶贫向纵深发展。助力打赢脱贫攻坚战，持续巩固脱贫成果，巩固和提升网络扶贫成效，激发贫困人口内生动力。十是统筹推动城乡信息化融合发展。统筹发展数字乡村与智慧城市，分类推进数字乡村建设，加强信息资源整合共享与利用，不断满足城乡居民消费需求，避免形成新的数字鸿沟。

中国互联网络信息中心（CNNIC）发布的第53次《中国互联网络发展状况统计报告》显示，截至2023年12月，我国农村网民规模达3.26亿人，这一数字占到了全国网民总数的近三成。同时，报告还指出，全国农村地区的网络零售额达到了令人瞩目的2.49万亿元，显示出农村电商市场的巨大潜力和活力。此外，随着国家对农村物流体系不断投入和完善，目前全国已有95%的建制村实现了快递服务全覆盖。这不仅大大方便了农村居民的生活，也为城乡之间的商品流通提供了强有力的支撑，促进了农产品“上行”和工业品“下行”，有效地推动了农村经济的发展。

随着数字乡村的发展，在下一阶段，到2035年，数字乡村建设取得长足进展。城乡数字鸿沟大幅缩小，农民数字化素养显著提升。农业农村现代化基本实现，城乡基本公共服务均等化基本实现，乡村治理体系和治理能力现代化基本实现，生态宜居的美丽乡村基本实现。到21世纪中叶，全面建成数字乡村，助力乡村全面振兴，全面实现农业强、农村美、农民富。

三、数字乡村与乡村治理

当前，数字乡村与乡村治理契合正在发生，乡村数字治理成为乡村治理的主要趋势，驱动社会治理范式由传统科层化管理向数字治理演进。在数字乡村的发展推进下，数字技术嵌入乡村治理是一项系统工程，势必出现新情况、新问题，成为数字乡村发展与智慧绿色乡村建设的“堵点”，亟须通过创新体制机制的顶层设计、建构绩效评价体系、限制治理主体行为、外部引进和内源激发等举措加以疏导，以实现乡村“治理有效”的总要求。

（一）乡村治理的发展形势及未来趋势

智能技术的蓬勃发展为创新社会治理提供了新动能和新机遇，同时也带来了社会治理范式的新变革与新挑战。① 乡村数字治理是顺应新一代信息技术发展大潮，依托和运用数字技术手段，应用其发展带来的社会治理资源，将技术契合乡村治理的新举措，为基层治理带来新的方向和全新社会

① 冷茂林．乡村治理智能化的风险挑战与应对之策［J］．领导科学，2022（8）：115－118.

形态，全面、广泛和深入地提供灵活创新的乡村治理措施和方案。新的发展阶段，我国全面实施乡村振兴和数字乡村发展战略，引入数字治理理念，推进政策法规出台落地，构建数字治理框架体系，各级政府和各部门采取了一系列务实创新举措，助力基层体制机制改革，实现乡村治理创新。截至目前，国家已陆续制定实施了《中共中央 国务院关于实施乡村振兴战略的意见》《国家信息化发展战略纲要》《数字乡村发展战略纲要》等多项政策，为乡村数字治理提供政策保障。各级地方党委政府聚焦数字乡村建设，根据区域实际制定了促进乡村数字治理相关地方性政策规章，着力促进和发挥技术在乡村治理过程中的基础支撑作用。国家在社会治理领域的持续创新带来政策引导和支持，各级政府和各部门的发力也为乡村数字治理提供了重要契机和强大推力。借助政策之东风，全国已基本建成满足乡村社会数字治理的信息基础设施，信息化应用于数字治理的框架，治理行动策略不断完善，与之相适应的乡村社会数字治理社会治理新模式逐步形成，乡村社会数字治理在乡村社会治理中的作用更加显著。

在数字乡村发展战略的契机下，数字乡村建设的持续发力引领乡村治理融入以数字技术为代表的数字化时代浪潮。位居发展风口，国家不断探索提高乡村社会治理精细化、现代化水平之途径，加快数字乡村建设，搭建各类智能服务平台，以数字化促进城乡融合发展，推进智慧绿色乡村建设。在国家的大力推行下，一方面，乡村数字治理平台不断取得突破，数字技术促进智慧绿色乡村建设成效显著，诸如农村人居环境、水土流失等平台的搭建，通过数据整合共享，提升乡村生态环境治理效能，拓展数字技术在乡村治理的边界。除此之外，诸如“互联网+政务服务”平台、农业科技信息服务平台、“互联网+党建”等信息服务平台，搭载适于乡村数字治理特点的信息终端、微信小程序、移动互联网应用，使得乡村治理“复杂事情简单化，简单事情流程化，流程事情定量化，定量事情信息化”。另一方面，我国乡村光纤组网、5G通信等数字技术应用基础设施建设取得实际进展，例如在数字新基建上，据工业和信息化部发布的消息，我国贫困村通宽带比例达100%，现有行政村实现“村村通宽带”，到2025年实现行政村5G通达率80%目标。据CNNIC（中国互联网络信息中心）2022年权威发布，我国农村网民占比为27.6%，达2.84亿，农业农村建设和数字化发展深度融合，以数字化技术为代表的数字技术在智慧绿色乡村建设中的作用日益凸显。

以数字技术为代表的新一代信息技术驱动社会治理创新，塑造数字化的治理范式。数字乡村的建设为数字治理技术应用提供了信息交互的平台和渠道，实现信息高速流动和高度共享，为乡村治理带来新的方向和全新社会形态，基于数字技术的数字化乡村治理范式逐步替代传统社会管理模式。数字治理依托和运用新一代信息技术手段，为乡村治理提供科学化、数字化、高效化的措施和方案，重塑乡村治理的框架和行动策略。在此语境下，其一，乡村数字治理由多元主体协同构建，治理主体是主导者，通过整合各方力量与资源，与技术供应方、社会组织等利益主体共同构建基于数字技术的治理范式，管理乡村事务、化解乡村矛盾，使乡村治理更加科学化、智慧化，技术供应方以治理主体的身份参与治理，搭建应用平台，实现各种信息数据的录入、分析和管理，群众和其他利益主体将需求诉求传达给管理主体，实现乡村治理多元主体的“共建”；其二，借助数字治理应用平台，治理主体能够搜集和获取群众需求，感知民情民意，并从中识别与预测社会问题和风险，为制定决策和政策提供支持，群众关心关注的民生保障、民生痛点得以解决，满足其获得感、幸福感，实现乡村治理多元主体的“共享”；其三，数字治理打破了传统的单主体格局，应用平台公众化特质，让各方力量参与，逐步形成多元主体共同参与乡村治理的机制，同时，改变了乡村治理政府唱“独角戏”的传统科层垂直管理体制，实现乡村治理多元主体的“共治”。

（二）乡村数字治理面临的新旧风险挑战

当前，我国基层治理正处于向数字治理转型的创新时期，其配套政策制度落后于技术创新实践，在一定程度上影响基层治理的纵深发展。这种配套政策制度给乡村数字治理带来的困境主要表现在治理框架的制约、资源配置失衡和治理标准准则的缺失。一是现有的乡村治理基于网格治理模式而构建，而数字治理的框架和治理行动策略基于新一代信息技术，现有的治理模式的框架和治理行动策略已不能满足数字治理的治理模式，现有制度框架亟待突破。二是数字治理资源配置失衡，长久以来的二元结构体制使得乡村在数字治理资源配置方面与城镇存在较大差异，特别是光纤、

5G 网络等基础设施配置的失衡，阻碍数字技术在乡村治理上的推广应用。三是数字治理缺失标准准则，数字治理缺乏科学评估其发展优劣的准则，不同区域在发展数字治理实践中各区域依据各自理解而实施，对数字治理的理解难以达到先进地区的程度，使得乡村数字治理与其他区域之间存在巨大的信息资源不对等，形成区域数字鸿沟。

乡村数字治理的兴起一方面是当代信息技术发展到一定阶段的必然要求，另一方面是治理主体出于实施治理需要而强力推进的结果，带有强烈的行政化倾向。政府职能部门不同程度地存在数字治理职能定位不清和权责模糊的现象，没有制定数字治理工作清单和建立数字治理工作准入机制。在发展数字治理过程中，政府及其职能部门一方面意识到数字治理已成为当前社会治理体系的重要组成部分，充分理解技术要素在乡村治理中的不可或缺，而另一方面，因职能定位不清和权责模糊，很多政府职能部门将数字治理的各种工作下派到基层政府和村支两委，把本不属于数字治理工作职责范围之内的工作强加到数字治理工作之内，将其工作任务当成考核硬性指标强压到基层政府和村支两委，工作遇到难题就将责任强加于基层政府和村支两委头上，视基层政府和村支两委为本部门的执行机构，使得原来承担“配角”的基层政府和村支两委变成了数字治理工作的“主角”。

数字治理人才是乡村数字治理中的基础力量，按照其所属领域可以分为组织型人才（如村支两委成员）、执行型人才（如专业技术人员）、推动型人才（如宗族精英）等。这类人员拥有一定的政治、经济以及社会资源，他们既是乡村发展的领头人，又是推动乡村数字治理的中坚力量。在实践中，数字治理人才一方面将技术应用教授给村民，是技术应用的推广者；另一方面他们通过所掌握的信息向数字治理职能部门传达村民数字治理的诉求，充当着沟通村民和职能部门的桥梁作用。但是，在城乡发展失衡背景下，乡村公共服务建设滞后、人员留居乡村从事农业生产回报低等因素驱动乡村数字治理人才向城市流动。此外，有的农村引进了一些高学历人才，但因工资待遇低、职位难升迁、工作经费少等问题，难以长期留住人才。本土人才的流失与引才留才的困难，加剧乡村治理人才资源的短缺，使得乡村数字治理过程中“有米而无巧妇”。

技术本无善恶，人们把技术用于不同的目的才产生了善恶。① 从技术层面看，数字治理是基于“算法 + 数据”的决策。从这一维度，算法与数据二者至关重要，是实现乡村数字治理的基石，决策的生成过程是算法模型处理治理对象相关海量数据的过程，算法模型的建构和运行以及搜集数据信息的准确和完整性将直接影响乡村数字治理的决策。在此语境下，算法和海量数据是乡村治理的资源和生产要素，势必成为各利益主体相互争夺的对象。治理主体应用技术无意作恶，但在实践中极易发生因对技术的无知而给作恶提供机会。在利益的驱使下，利益主体极易将技术化身为其逐利的工具，他们通过研发特定的算法模型和实施倾向性数据处理分析赋予数字技术特定的治理功能，以实现特定利益。近年来，数字治理技术作恶事件屡见诸报端，如某高速岔道口自动抓拍 62 万人违章，产生超 1.2 亿罚款，将数字治理技术作恶问题引入公众视野。而以“互联网 + 政务服务”让群众办事更便捷的政务服务应用，在注册和使用时过度搜集和使用服务对象头像、身份、民族、性别、位置等方面信息的事件屡见不鲜。

数字治理强调决策过程的数字化，技术至上是其主要特征，是推动数字治理决策科学性与合理性的前提。如前所述，以数字技术为代表的新一代信息技术正重塑乡村治理的框架和行动策略，推动乡村治理从传统的社会管理模式向数字治理范式转变。在此范式下，乡村数字治理主要依托数字技术进行信息的搜集、存储及分析，进而生成适于此技术之下的决策。技术是一把双刃剑，在肯定技术造福人类的同时，技术自身所隐藏的风险也日益凸显。乡村数字治理效能的提升高度依赖治理技术，治理技术在一定程度上成为影响乡村治理主体治理决策生成与治理规则制定的关键性因素。在实践中，有可能出现治理主体凭借对数字治理技术的掌控，嵌入“利己”的治理策略，影响乡村数字治理平台算法模型运行逻辑和数据信息搜集，基于此生成“利己”的治理决策。如群众需通过政务服务平台在线缴纳合作医疗，其决策的本意是为了提升医疗保险办理效率，通过“互联网 + 政务服务”方便群众办事，但却屡屡爆出有支付平台排挤竞争对手而设置支付限制，个别工作人员为减少自身工作量违规停止线下业务办理，

---

① 邱泽奇．技术化社会治理的异步困境［J］．社会发展研究，2018，5（4）：2－26＋242．

老年人没有或不会使用智能终端，乡村没有网络接入等原因而影响合作医疗交纳的新闻。

在数字治理时代，如果应用的决策背离了基本的人类道德价值或者给社会的发展带来负面效应，那么决策的结果将引发伦理危机。在治理实践中，治理主体的外部干预、趋利行为以及技术越位等因素极有可能使得数字治理应用背离提升治理效能的初衷，带来隐私泄露、数字鸿沟、数据信息安全等方面的风险，损害治理对象的正当权利，导致数字治理伦理危机。例如，智能推荐系统广泛应用于电商平台、社交媒体和视频流服务中，他们基于用户的历史行为数据来预测个人偏好并推送相关内容。然而，如果推荐算法的设计或训练过程中未能充分考虑到民族、性别、年龄等敏感因素可能引入的偏见，就可能导致某些群体被系统性地排除在重要信息或机会之外。这种决策不仅违背了公平性和包容性的基本道德伦理原则，还可能加剧社会不平等，引发公众对数字治理公正性的质疑，从而形成伦理危机。

（三）开展数字治理需面对的工作

数字技术赋能乡村治理获得的良好效能是治理主体青睐乡村数字治理的重要原因。但同时乡村治理主体对数字治理职能定位不清、权责模糊、配套政策制度建设滞后于技术发展等问题，阻碍乡村数字治理纵深发展。因此，新时代的乡村数字治理，亟须全方位擘画蓝图。这一蓝图包括三个方面：其一，创新工作思路，强化乡村数字治理的顶层设计。实现乡村数字治理是一项复杂的系统工程，涉及多领域，涵盖多系统，包括多主体，亟须坚持“自上而下”的原则，以全局的视角对乡村数字治理涵盖的各主体、各层次、各要素进行顶层设计与筹划，实现乡村治理体制机制与国家治理体系一脉相承。其二，突破现有治理范式，创新体制机制。信息化浪潮推动乡村治理由传统社会管理向数字治理范式迈进。治理范式是社会治理的本源，范式转变过程是原有治理体制机制失灵的过程，亟须在实践中坚持创新驱动发展，把新一代信息技术作为数字治理发展的战略支撑，创新数字治理体制机制，塑造乡村数字治理范式。其三，构建数字治理法规体系，将技术束缚于“法治化”范畴。建设数字法治，是推进国家治理体系和治理能力现代化题中应有的法治技术要求。① 坚持运用新一代信息技术手段促进依法行政，实现数字化与法治化融合，优化革新现有治理流程和方式，创新制度框架，构建束缚于“法治化”范畴的数字治理技术标准规范、网络安全、运维服务等技术应用体系，保障乡村数字治理之“法治化”。

人才是实现乡村数字治理不可缺的因素。乡村数字治理人才队伍的建设，除了吸引外部人才增添外源性动力外，还要留住和培养本土人才，增强自身造血的内源性动力。即乡村数字治理人才队伍建设的动力应包括外部引进和内源激发两方面。外部引进是通过配套激励政策制度实施“引才计划”，引导外部人才“入乡”；内源激发是通过建立有效机制激励本土人才在家乡干事创业，吸引本土人才“返乡”。实现外部引进和内源激发结合，重构乡村数字治理人才队伍，需要营造引才培才用才的良好环境。其一，通过完善人才建设体系和激励机制，建立公务人员和专业人才下乡服务制度，扶持乡村产业发展，激励人才向基层一线流动，建好乡村基础设施和公共服务设施，制定解决返乡入乡人员的居住和子女入学问题等措施，为乡村数字治理“引才”营造环境。其二，通过完善人才培养体系，建立干部队伍和专业人员培养制度，加快发展职业教育，扶持企业参与人才培养等措施，营造乡村数字治理“培才”的良好环境。其三，通过建立专业人才统筹使用制度，健全人才分级分类评价体系，支持专业技术人才通过项目合作、兼职、专家服务等形式开展服务活动，推动人才在乡村干事创业、建功立业等措施，营造乡村数字治理“用才”的良好环境。

数字技术在乡村治理中的广泛应用建构了主体的技术权力，对于主体使用技术权力而言，除了为治理对象谋求利益，应当没有自身利益。但是，从技术被经济领域移植到政治领域后，它极易被主体俘获用于社会控制和政治权力再生产。主体运用技术权力逐利的行为本质上是主体技术权力约束失效。因此，防范乡村治理主体实施技术越位与作恶逐利的有效手段是束缚主体技术权力。一方面，限制主体技术权力扩张。重构主体与技术权

① 雷磊．中国特色社会主义智慧法治建设论纲［J］．中共中央党校（国家行政学院）学报，2020，24（1）：99－110．

力的关系，建立“有权就有责”的赋权机制，依照主体职责赋予技术权力；建立“权责要对等”的用权机制，规范主体技术权力运行；建立“失责必追究”的督权机制，制衡主体技术权力，把主体技术权力关进制度牢笼，防范主体权力扩张触发主体逐利行为。另一方面，防范技术越位与作恶法治化。数字治理的技术壁垒增加立法难度，极易出现主体既“立法”又“执法”现象，主体固有的逐利本能可能驱动其为技术越位与作恶披上“法治化”外衣，亟须探索创新乡村数字治理立法程序，变主体负责的“部门立法”为多方参与的“开门立法”，探索主体立法回避制度，化解主体以法治化手段实施逐利行为风险。

数字治理绩效评价是度量乡村治理主体数字治理能力的重要标尺。当前，乡村数字治理仍处于探索阶段，数字治理技术在治理过程中仅发挥辅助作用，科学度量乡村数字治理的准则与标准缺乏，评估其效能的体系缺失。这种缺失与缺乏导致实践中难以科学评判乡村数字治理效能，随着数字治理在乡村治理中的纵深发展，将催生治理主体“不作为、慢作为、乱作为”等问题，带来技术作恶的可能，加剧诸如隐私泄露、算法歧视等方面的伦理问题。为有效消解数字治理伦理问题，需建构科学有效的评价体系，对乡村治理数字治理主体的行为进行绩效评价。建构绩效评价体系，从乡村治理数字治理的现状出发，进一步厘清治理主体权责，充分考虑治理主体技术应用能力和应用成效以及其他相关因素，围绕制度框架、法律法规、技术资源配置、数据开放共享、数据信息安全等方面确定数字治理评价的评价因子，从“共建、共治、共享”维度和评价主体维度出发，选取与确立评价指标、制度与标准体系相关的内容，选用适宜的评价方法开展和完成评价活动，以期客观、公正、全面地评价分析其效能，确保乡村治理数字治理健康发展。

四、数字乡村与乡村产业发展

随着数字乡村建设不断推进，数字化成为全面推进乡村振兴、推动农业产业转型、助力农业强国建设的关键举措。推动乡村产业振兴是全方位推动农业农村高质量发展、推进乡村振兴、提高农业综合效益和提升农业产业核心竞争力的客观需要。随着数字乡村建设的持续推进，数字技术正加速向乡村产业广泛渗透，数字化融入乡村产业渐成趋势，以数字化赋能乡村产业发展已然成为促进乡村产业兴旺的新引擎。鉴于此，本节在厘清数字化是乡村产业发展的必然选择的基础上，从乡村产业效率提升、结构优化、产业变革三方面解构数字化赋能乡村产业发展的内在机制，对存在的现实困难进行分析并提出应对策略，以期为推动乡村产业数字化转型、实现我国乡村产业高质量发展、助力农业强国建设提供可行的思路与建议。

（一）数字化赋能是乡村产业发展的必然选择

党的二十大报告指出，加快建设农业强国，扎实推动乡村产业、人才、文化、生态、组织振兴。① 在农业强国和数字乡村建设目标下，推进乡村产业数字化转型是实现乡村产业高质量发展的前提，因此，数字化转型成为乡村产业发展的必选题。立足产业发展，技术是解决农业供给侧问题，推动产业发展转型的重要推动力。我国乡村产业质量转型升级迎来加速期，促进数字化与乡村产业发展深度融合，是解决乡村产业转型升级难题、实现供给侧结构性改革的有力抓手。可见，数字化契合乡村产业，能有效提高供给体系质量和效率，更好地促进需求转型升级，激发乡村产业发展新活力，全面实现乡村产业数字化转型，是乡村产业发展的不二之选。

1. 数字化赋能乡村产业可有效提高供给体系质量和效率

乡村产业是乡村全面振兴的关键支撑，产业兴旺是乡村振兴的重点和解决农村问题的前提。产业兴旺是实现乡村振兴战略的首要目标，在乡村振兴持续推进下，一系列促进产业兴旺的政策、措施有效推动乡村产业发展。但在乡村产业中，供给端对需求端缺乏适应性和灵活性，表现为无效和低端供给过剩、有效和中高端供给不足等，阻碍我国乡村产业高质量发展。数字化赋能乡村产业能够有效提高乡村产业供给体系的质量与效率，这表现在：其一，数字化赋能乡村产业对乡村产业各环节进行数据化、智能化、精准化控制，并在传感装置、网络、平台等技术要素的加持下，可轻松实现对乡村产业各环节的监控和追溯，实现全过程管控，保障乡村产业高品质、高质量产出，有效提高供给质量。其二，数字乡村在5G移动网

---

① 习近平．高举中国特色社会主义伟大旗帜　为全面建设社会主义现代化国家而团结奋斗：在中国共产党第二十次全国代表大会上的报告［N］．人民日报，2022－10－26（01）．

络、宽带网络、物联网、大数据等信息基础设施上的持续投入，营造出良好的数据资源环境，为乡村产业发展在数据生产要素的投入方面提供强大支撑。基于数据生产要素投入，将有效优化乡村产业生产流程，促进形成标准化产业体系，提高产出率，显著降低生产成本，提升生产效率。其三，数字化赋能乡村产业发展将推进乡村产业数字化转型。在数字化乡村产业中，新一代信息技术与乡村产业各环节全面深度融合应用，以促进乡村产业信息共享、预测产业风险、保障利益分配，为乡村产业适度规模经营、精准化生产、智能化管理提供支撑，从而减少乡村产业产品无效和低端供给、增加有效和中高端供给，进而有效提高供给体系质量和效率。

2. 数字化赋能乡村产业能更好地适应需求转型升级

乡村产业是国家产业体系的组成，为日常生活提供丰富多样的产业产品，极大地提升了生活的幸福感。有关研究表明，国内产业供给存在问题，一些细分产业领域的产品严重滞销，而同类产品进口增加，表明我国产业产品供给与需求错位、供求结构严重失衡。可见，我国乡村产业面临的矛盾是乡村产业产品供给没有适应需求，迫切需要做好适应需求的转型升级。数字化可实现生产端与消费端的无缝对接，从而实现供给与需求的高水平均衡，乡村产业亦是如此。其一，随着数字乡村在乡村产业的发力，乡村产业平台链接生产端与消费端，乡村产业生产者可借助平台全方位了解消费者，消费者可通过平台获取乡村产业信息，以平台的桥梁作用满足产品消费个性化、定制化需求，从而实现产品生产与消费精准对接。其二，乡村产业在数字化赋能下可促进消费者的认可，乡村产业生产者通过生产管控平台、在线直播等方式，实时、精准地向消费者展示保障高品质、高质量的生产实况，以求满足消费者对生产的认可，转变消费习惯，实现消费由国外转向国内。其三，新技术为个性化定制提供了有效的解决手段，使供需平衡最大化。数字化赋能乡村产业各环节，能让乡村产业生产者精准了解消费端需求、优化供给结构、及时组织生产，推动产品供给由“量”到“质”的转向，匹配消费端订单式、个性化定制需求，解决产品供给与需求不均衡的矛盾。

（二）数字化赋能乡村产业发展的内在机制

在数字化的加持下，应进一步强化新一代信息技术在乡村产业发展实践中的应用，助力乡村产业各环节。与传统乡村产业发展相比，数字化契合于乡村产业，为其发展带来截然不同、无与伦比的机会，推动形成数字化生产方式和数字经济模式，并从促进乡村产业效率提升、驱动乡村产业结构优化、引导乡村产业变革等方面赋能乡村产业发展，推动乡村产业数字化转型，进而促进乡村产业振兴，其内在机制如图 2－1 所示。

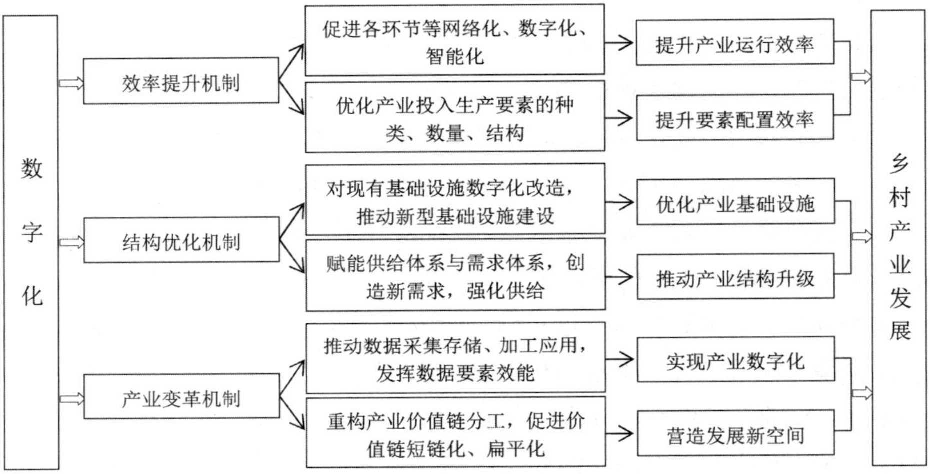

图 2－1　数字化促进乡村产业发展的内在机制

1. 数字化促进乡村产业效率提升机制

效率变革是促进乡村产业发展，实现乡村产业振兴的关键所在。乡村产业效率反映其生产要素投入与产出比，比值越高的乡村产业品类越能驱动生产者加大对该品类的生产要素投入，且能吸引其他乡村产业品类甚至其他农业产业的生产者向高比值的乡村产业品类聚集。产业的竞争，归根结底是投入产出比的竞争，是效率高低的竞争。① 在乡村产业发展中，以效率测度乡村产业生产要素投入转化为产出的能力，可直接反映乡村产业发展状况，对推动乡村产业发展、促进乡村产业效率提升具有现实意义。此语境下，乡村产业不同品类之间、乡村产业与其他农业产业之间的竞争，其实质是效率高低、比值大小的竞争。基于此，数字化赋能乡村产业发展，

① 完世伟，汤凯．数字经济促进乡村产业振兴的机制与路径研究［J］．中州学刊，2022（3）：29－36．

要引导生产要素在乡村产业的投入，提高投入生产要素的产出，遵循效率优先原则，提升产业运行效率和生产要素配置效率，以此促进乡村产业发展。

数字化赋能乡村产业发展，是以数字化之能促进乡村产业各环节全过程转型，实现网络化、数字化、智能化，提升乡村产业运行效率，以促进乡村产业发展。如在农业产业“耕、种、管、收、售”中，在“耕”环节，数字化赋能乡村产业发展的规划和土地要素投入，参与土壤质地、水分、有机质等参数的监测和分析，为乡村产业生产经营者生产什么、生产多少、怎么生产提供科学依据，辅助其做出有关决策。在“种、管、收”环节，数字化可赋能乡村产业育苗、种植、收获全过程，利用大数据和人工智能技术对乡村产业品种进行优选优育，提高作物的抗病性和产量；基于智能技术、网络和北斗系统等技术，实现农业机械精准化作业，提升效率；基于数据平台和设备，对气象灾害、病虫灾害、光照强度、降水量、农业作物生长等进行实时监控，为合理配置农业生产、确定耕作制度和栽培方式提供精准的数据支持；在数字化的加持之下，乡村产业“种、管、收”环节在人为的干预下将实现趋利避害、风险化解，通过合理配置资源禀赋，实现精细化生产，促进高产丰收。在“售”环节，数字化催生农村电商，转变传统乡村产业销售模式，提升产业效率；在数字化赋能之下，将激发产业主体从二、三产业引入先进的科学技术、高效的经营模式和全新的行业生态；① 直播电商、私域电商、平台电商等电商多样态发展，赋能乡村产业销售，销售渠道呈现以线下为基础、线上为趋势的发展势头。

数字乡村战略把新一代信息技术引入到乡村振兴，并将数据和信息融入乡村振兴全过程，以数字化赋能乡村振兴实践，整体带动和提升农业农村现代化发展。数字化嵌入乡村产业，带来产业数字化发展，丰硕产业数据。推动乡村产业振兴，需要提高数据、信息等现代产业新要素的投入占比，使乡村产业发展更多地依靠新要素和新技术。② 在乡村产业发展历程

---

① 肖国安，陈谦，王文涛．乡村振兴战略背景下我国农村电商发展路径研究［J］．贵州社会科学，2022（10）：161－168．

② 荆文君，孙宝文．数字经济促进经济高质量发展：一个理论分析框架［J］．经济学家，2019（2）：66－73．

中，土地、劳动力、资本等传统要素投入较多，数据要素投入偏少，提升生产效率过多地依赖于传统要素投入。数字要素是当前五个生产要素之一，是继传统生产要素的新要素，可赋能传统生产要素，提升传统生产要素配置效率。基于此，数字化嵌入乡村产业发展，一方面，数字要素可在乡村产业中发挥极强效能，其在乡村产业中的投入可优化乡村产业生产要素的种类、数量、结构，在取得同等效能下能有效减少其他要素的投入；另一方面，数据要素在乡村产业中的投入，可激发其他生产要素在乡村产业中的效用，促进各要素间的深度协同，提升要素在乡村产业的投入产出比，提升生产要素在乡村产业中的配置效率，驱动乡村产业发展。

2. 数字化驱动乡村产业结构优化机制

乡村产业结构优化是促进乡村产业发展、以乡村产业促进乡村产业振兴的动力来源，同时也是构建乡村产业各环节体系可持续发展的不二法门。我国乡村产业发展长期面临供需结构性失衡，高端品种供应不足、低端品种供给过剩；生产和流通不能形成利益共同体，产业链整合困难；小农户模式难以满足庞大的买方市场，导致小生产和大市场的矛盾等问题与痛点。亟待推进乡村产业数字化转型，深耕乡村产业数智化，推动可持续发展，通过调整乡村产业传统基础设施，对现有基础设施进行数字化改造，实施新型基础设施建设，以优化乡村产业基础设施。同时，加快结构性改革，将数字化赋能供给体系与需求体系，以创造新需求，强化供给能力，推动产业结构升级，促进乡村产业发展。

《数字乡村发展战略纲要》提出加快乡村信息基础设施建设，推进农业数字化转型。数字基础设施是推动乡村产业数字化转型的先导和基石，是数字化赋能乡村产业发展的原动力。数字乡村在宽带与移动网络、信息终端、软件与平台、智慧物流等数字基础设施建设上的发力，为调整乡村产业传统基础设施结构、对现有基础设施进行数字化改造、实施新型基础设施建设奠定坚实基础，优化了乡村产业数字基础设施结构，为数字化赋能乡村产业发展提供强大支撑。毫无疑问，数字化促进乡村产业发展离不开数字基础设施的赋能，其在乡村产业各环节的运用，将使乡村产业发展产生更大的动能。这表现在，其一，数字基础设施是技术与数据生产要素的表征，在乡村产业生产经营管理中的运用，直接增加乡村产业技术、数据生产要素投入；其二，数字基础设施能为土地、劳动力、资本等传统生产要素充分赋能，实现生产要素在乡村产业各环节的全面深度融合应用，促进生产要素在乡村产业中集聚，实现乡村产业智慧化、精准化发展；其三，数字基础设施赋能乡村产业发展，可有效促进生产要素的自由流动，扩展乡村产业的内涵和外延，实现资源在乡村产业中的高效配置；其四，数字基础设施是乡村产业技术创新和实践创新成果转化为乡村产业应用的保障要素，为乡村产业生产效率提升提供良好保障，推动乡村产业各环节创新发展。

习近平总书记指出："我国不是需求不足，或没有需求，而是需求变了，供给的产品却没有变，质量、服务跟不上。"在土地、劳动力、资本等传统生产要素约束下，要优化乡村产业结构，破解乡村产业发展供需痼疾，唯有持续发挥技术、数据等生产要素在乡村产业发展中的赋能作用，推动乡村产业结构升级。在实践中，要以数字化赋能乡村产业发展供给体系与需求体系，刺激、创造新需求，强化乡村产业产品供给。由技术推动的历次工业革命都促进了产业结构的跃升，驱动产业体系革新。数字技术赋能乡村产业，各类资源不断从旧产能中解放出来并流向成长性更好、质量更高的新生产领域，乡村产业也将跃迁到更优的均衡点上。① 此语境下，在供给体系层面，要以数字化赋能乡村产业生产各要素，推动乡村产业结构升级，才能生产出数量更多、品质更好的乡村产业产品，提供更优服务，满足市场对乡村产业产品与服务等需求。这是由数字技术属性所带来的必然结果，也是数字乡村发展的必然趋势，更是以数字技术、数据生产要素创新引领乡村产业供给侧结构性改革，强化乡村产业产品供给的内在逻辑。在需求体系层面，数字化赋能乡村产业拓宽了其产业发展"售"环节的渠道，从需求侧发力增加产品需求，推动乡村产业结构升级。直播带货、数字农场等新型渠道打破了乡村产业"售"环节的时空限制，通过与"线上"融合激发需求，提高乡村产业"售"环节效率，拓展产品的市场边界和需求空间。此外，数字乡村在基础设施建设的持续发力，有效弥补数字化赋

① 李天宇，王晓娟．数字经济赋能中国"双循环"战略：内在逻辑与实现路径［J］．经济学家，2021（5）：102－109．

能乡村产业发展对一定规模的数字基础设施的需求，为数字化赋能乡村产业发展带来前所未有的机遇，对推动乡村产业结构升级产生较强的赋能作用。

3. 数字化引导乡村产业变革机制

传统乡村产业通过增加土地规模、加大人力资源、增强资本密度等要素的投入提高乡村产业产出，这种数量型扩张模式生产要素投入与产出比不高，乡村产业效率低，限制了乡村产业高质量发展路径，亟须变革。乡村产业数字化转型成为我国经济高质量发展的标志之一。① 以数字化引导乡村产业变革，推进乡村产业数字化转型是数字时代乡村产业发展的必然。乡村产业数字化是指在新一代信息技术的支撑下，以数据为关键要素，以促进新一代信息技术与乡村产业全面深度融合应用为标志，发挥数据要素效能，重构乡村产业价值链分工，对乡村产业全要素实施数字化的过程。数据要素与传统生产要素并驾齐驱成为第五要素，数据要素投入乡村产业是乡村产业现代化的标志。在实践应用中，数字化赋能乡村产业发展是以数据要素投入为标志，并以数据要素促进土地、劳动力、资本等传统生产要素融合发展。可见，数字化赋能乡村产业发展是以数据为关键要素，推动数据采集存储、加工应用，促进数据要素与乡村产业全面深度融合，发挥数据要素效能，重构乡村产业价值链分工，引导乡村产业变革，营造发展新空间，以此促进乡村产业发展。

乡村产业数字化以数据应用为价值基础，数字化赋能乡村产业发展以采集获取数据为起点，通过对乡村产业各环节数据采集、存储、加工、应用，发挥数据要素效能，推动乡村产业数字化转型，驱动实现乡村产业数字化发展。数据作为新的生产要素，通过数字技术创新及其产业化和商业化，催生新产业新业态新模式，最终形成数字产业链和产业集群。② 作为新的生产要素，数据投入乡村产业各环节，通过与乡村产业的深度融合与创新发展，催生乡村产业平台经济、共享经济等新业态、新模式，形成电商

① 文丰安．乡村产业数字化、生态化质量转型：基本内涵、问题分析及保障路径［J］．宏观质量研究，2023，11（4）：109－118.

② 任保平．以产业数字化和数字产业化协同发展推进新型工业化［J］．改革，2023（11）：28－37.

数字产业链和产业集群，促进乡村产业快速发展。随着数字乡村建设推进，数据采集存储、加工应用更为便捷。当前，天空地一体化农业农村观测网络和数据采集体系，实现了对自然地理环境、资源要素、农业全产业链、农村居民等数据的获取、筛选。① 值得注意的是，这种数据收集的模式决定了收集到的数据是多源、异构和碎片化的海量数据，在乡村产业发展应用上，需要对之进行清洗加工，实施数据挖掘，才能将海量数据转化为乡村产业的“数据资产”。数字乡村为乡村产业发展积累、沉淀起海量数据，对这些数据进行挖掘和可视化操作，可使之转化为乡村产业发展所需要素或产品，发挥数据要素效能，实现乡村产业数字化。

数字化赋能乡村产业发展能重构乡村产业价值链分工，促进乡村产业价值链短链化、扁平化，营造乡村产业发展新空间。短链化、扁平化的乡村产业价值链压缩了产品生产端到需求端的层级，使得乡村产业产品从生产端直达消费端，实现生产者与市场直接对接，实时了解市场需求，以优化乡村产业产品供给。同时，短链化、扁平化的乡村产业价值链增强了价值链韧性，降低了乡村产业因价值链链条过长而发生中断的风险，提高了乡村产业价值链的安全性。当前，我国乡村产业存在从生产到消费链条过长，乡村产业价值链分工不合理的问题，迫切需要重构乡村产业价值链分工，通过改革优化乡村产业的价值链分工，促进乡村产业价值链短链化、扁平化。新一代信息技术与乡村产业生产、产品加工业等深度融合应用，技术的赋能作用不断压缩产业、行业、区域的时空距离，营造出更大的乡村产业发展空间。在新空间，数字化赋能驱动乡村产业各环节分工优化，实现乡村产业价值链的重构，进而推进乡村产业价值链向网络化、平台化、智能化布局延伸；数字化赋能作用使得乡村产业发展的资源禀赋效用得以重新界定，乡村产业产区可在数字化的加持下，结合自身的资源禀赋发展适于本区的乡村产业品类，从而推动区域乡村产业数字化转型，改变传统乡村产业布局中的不足，规避其发展的缺陷，推动乡村产业又好又快发展。

（三）数字化赋能乡村产业发展的现实困境

乡村产业数字化发展是时代命题，也是发展的必然趋势。尽管数字化

① 王胜，余娜，付锐．数字乡村建设：作用机理、现实挑战与实施策略［J］．改革，2021（4）：45－59.

赋能乡村产业发展前景光明、效用显著，但在推进乡村产业数字化转型过程中，仍存在供给体系不健全、核心技术薄弱、应用型人才不足、数字化与乡村产业缺乏深度融合等困扰数字化赋能乡村产业发展的现实困境，亟待解决。

1. 乡村产业数字化转型供给体系不健全

数字化赋能乡村产业发展是一个系统工程，遵循系统工程的基本原则，其效用的发挥，既要有完善的法规体系、健全的体制机制、具体的标准规范、可行的行动方案，又要有数字化对乡村产业发展的技术供给。推进乡村产业数字化转型，要针对乡村产业各环节，加快推广数字化在乡村产业生产经营管理中的运用，促进新一代信息技术与乡村产业全面深度融合，推动乡村产业高质量转型。但是，当前乡村产业数字化转型的供给体系不健全，阻碍了乡村产业数字化转型。具体表现为：其一，推动乡村产业数字化转型创新供给不足，新一代信息技术在乡村产业生产经营管理中的运用创新较少，信息终端、软件与平台、智慧物流等发展滞后，乡村产业研发成果转化偏低等问题依旧存在。其二，新一代信息技术与乡村产业装备结合性不强。乡村产业设备设施供应商转型意愿不强，对匹配乡村产业数字化新产品研发动力不足，导致产品无法满足乡村产业数字化转型要求，乡村产业数字化转型对设备设施的需求与所供设备设施的差距阻碍了乡村产业精细化生产、精准管理的发展。其三，乡村产业数字化产业生态供给体系不健全，物联网、大数据、人工智能等数字化生产要素在乡村产业领域应用有限，乡村产业全产业链建设欠账较多，生产、销售、监管等主体间融合度不高，乡村产业数字化产业新业态发展仍需加强。

2. 核心技术薄弱，应用型人才不足

数字化赋能乡村产业发展实质上是通过新一代信息技术在乡村产业各环节的应用，达成乡村产业发展目标。数字乡村带动新一代信息技术在乡村产业中应用。如在乡村农业产业中，以数字化赋能实现对作物的生长情况实时监测，对微生物环境进行跟踪解析，对农业产品的供销进行跟踪，对信息平台、系统运行进行预演及分析，建立高效的农业产业发展、运营体系。作为一个系统工程，数字化赋能乡村产业发展的过程中无论哪一方面的欠缺，均会影响赋能的成效，芯片、传感器、系统软件等方面的关键核心技术以及技术应用型人才要素的影响尤甚。一方面，数字化赋能乡村产业发展缺乏核心技术的支撑；另一方面，与传统乡村产业生产相比，数字化赋能乡村产业发展对从业人员素质有更高的需求。乡村产业设备仪器的精密度、集成度、耐用性等性能不强，影响产业生产气象、水文、病虫害等数据收集以及规模化生产机器设备的使用；不同农机具需要多种的配套动力，配套动力的使用效率低。① 数字化嵌入乡村产业，不仅需要从业人员熟练乡村产业生产技术，还需要其具备一定的数字素养，善用数字化的工具解决乡村产业生产中的问题。目前，人力资源向城市汇聚的现状使得乡村产业领域应用型人才供需出现严重不平衡，人才缺口巨大。尤其是近年来随着乡村产业电商、出口贸易、产品加工等价值链的延伸，乡村产业发展专业人才问题日益突出。

3. 数字化与乡村产业缺乏深度融合

当前，新一代信息技术与乡村产业尚未实现全面深度融合，云计算、大数据、物联网、人工智能在乡村产业生产经营管理中的运用有待加强，影响数字化赋能乡村产业发展作用发挥。其一，技术专业人员乡村产业素养不足，缺乏乡村产业专业素养与经验，难以精准理解与把握乡村产业需求，更多专注于技术研发，使得开发的产品不适用于乡村产业，导致数字化与乡村产业“两张皮”现象；其二，数字化赋能乡村产业发展过于偏重宽带网络、信息终端、技术产品等设施设备，看轻移动互联网应用、软件平台和生产经营管理，数字化与乡村产业缺乏全面深度融合应用，影响数字化赋能乡村产业作用发挥；其三，数字化赋能乡村产业发展改变了乡村产业生产要素之间的关系，土地、人力资源等乡村产业参与主体所熟悉的传统乡村产业生产要素因数字化的参与而被赋予了数字化新特性，在数字化的推动下传统生产要素在乡村产业中的地位被弱化，甚至被数字技术、数据等新的生产要素替代。此外，受限于数字素养，参与主体对数据生产要素投入持谨慎态度，参与乡村产业数字化转型意愿不强，使乡村产业高质量发展的内生动力不足，延缓了乡村产业高质量数字化转型的步伐。

---

① 李桂祥，薛晓敏，陈汝，等．适用于果树的农业机械适用性标准体系探讨［J］．中国果树，2021（5）：83－85.

（四）数字化赋能乡村产业发展的实践路径

数字化赋能乡村产业发展，要紧抓数字化这个关键变量，建立健全乡村产业数字化转型生态体系，加强技术开发应用，加快应用型人才培育，以数字乡村之能推进数字化与乡村产业的融合，全方位、宽领域、多层次推动乡村产业发展，推进乡村产业数字化转型，使之成为地域特色鲜明、创新创业活跃、业态类型丰富、利益联结紧密的富民产业。

1. 建立健全乡村产业数字化转型生态体系

树立系统思维，构建乡村产业数字化生态，强调新一代信息技术在乡村产业生态中的赋能作用，优化乡村产业数字化转型生态体系，以应对数字化赋能乡村产业发展之困境。数字化是乡村产业现代化发展方向，是乡村产业转型升级的必然途径。因此，建立健全乡村产业数字化转型生态体系，推进乡村产业数字化转型实践要从基础设施、发展环节、科技供给等方面入手。其一，以数字乡村建设为契机，加快乡村产业数字基础设施建设，补齐乡村产业数字化转型基础设施短板。加大对数字技术、平台应用的创新，以创新促进传统基础设施优化升级，驱动数字乡村产业基础设施供给，保障数字基础设施供给总量，夯实乡村产业数字化转型的根基。其二，遵照乡村产业发展规律，从各环节入手，加快培育新兴乡村产业数字化产业形态。加大数字化生产要素在乡村产业领域应用，完善乡村产业产、供、销全产业链。以大数据平台为支撑，融合生产、销售、监管等主体，做大、做强、做优乡村产业数字化体系。其三，增强乡村产业数字化转型科技供给能力。鼓励乡村产业设备设施供应商加大对技术密集型产品开发，保障乡村产业设备设施需求。调动乡村产业科研人员的积极性，激励企业、高校、产业一线等主体的科技人员加强对乡村产业技术的研究，确保技术供给适用于乡村产业。

2. 加强技术开发应用，加快应用型人才培育

立足数字化核心技术薄弱、应用型人才缺乏的现实困境，数字化赋能乡村产业要从加强技术开发应用、加快应用型人才培育双向发力，以应对困境。

在加强技术开发应用实践上，其一，要从更高层级充分发挥举国体制和市场经济力量，凝聚国家、企业核心科研力量，持续开展芯片、传感器、

系统软件等方面的关键核心技术的攻坚。其二，要加强全链条关键技术研发。以新一代信息技术促进基础技术、信息感知、数据资源、互联互通、智能控制等全链条技术开发。以需求为导向，以试点和示范为契机，加大乡村产业领域新技术、新产品、新模式的技术创新和成果转化、推广力度。其三，紧密结合乡村产业需求，推动乡村产业装备智能化。推进乡村产业机械与新一代信息技术融合，提高乡村产业装备的实用性，研制推广乡村产业智能装备。鼓励乡村产业装备行业发展工业互联网，研发推广便携式智能乡村产业装备，提升乡村产业装备智能化水平。

在加快应用型人才培育上，其一，要多途径、多方式加强乡村产业数字化应用型人力资源要素建设。加快乡村产业数字化应用型人才培育，促进乡村产业从业者转变为具备数字化应用能力的人才。引导具备新一代信息技术应用能力的专家学者、技术人员等深入乡村产业产地开展服务，增强乡村产业数字化应用型人力资源要素供给。其二，要广泛开展技能培训，从提升乡村产业从业者生产技术、数字素养出发对其进行培训，提升乡村产业从业者的综合素质，为数字化产业发展提供源源不断的人才支撑。其三，鼓励数字化高素质人才下乡进村，以示范教学、研学、带徒等方式，对乡村产业参与主体开展数字化设备设施应用指导、培训。其四，引导具备高数字素养的公务人员、大学生村官、科技特派员等群体深入乡村产业一线，团结带领各主体发展乡村产业，促进乡村产业振兴。

3. 以数字乡村之能推进数字化与乡村产业的融合

数字乡村是乡村振兴的战略方向，是乡村产业的重要组成，也是乡村产业振兴之产业兴旺的重要内容。数字化赋能乡村产业发展离不开数字乡村政策的支撑，要以数字乡村之能推进数字化与乡村产业的融合。在实践中，要用好数字乡村在乡村产业数字化转型的顶层设计、技能培训、治理现代化等方面的战略布局，促进数字化与乡村产业融合，推进乡村产业数字化转型。其一，落实好《数字乡村发展战略纲要》的具体要求，促进新一代信息技术与乡村产业全面深度融合应用，强化政策落地，优化制度供给，完善法规、产业标准。其二，提升乡村产业主体数字化素养，鼓励掌握数字化技术与乡村产业专业知识的人才积极参与乡村产业发展，建功立业。以数字乡村技能培训为契机，以既懂数字化技术又掌握乡村产业知识为目标，对乡村产业数字化技术人才、乡村产业领域专业人才开展技能培训，提升其综合素质。其三，推进乡村产业治理现代化。从治理入手，创新数字化赋能乡村产业发展治理理念、变革治理体系、优化治理方式、坚持协同治理。把发展好乡村产业作为乡村治理的出发点和落脚点，防范与化解数字化赋能乡村产业发展过程中出现的问题和矛盾，为推进乡村产业数字化转型释放治理效能。

第二节　智慧城市

随着世界城市化进程的加速，在享受着良好的物质生活的同时，人们开始更加关注生活的品质和舒适度，而大城市人口众多、住房拥挤、交通紧张、就业压力增加、环境污染、生态恶化等问题都严重影响了人们生活的质量，增加了城市管理难度，引发了一系列社会经济和管理问题。① 随着城市规模的不断扩张，为了破解城市发展面临的社会经济和管理困局，智慧城市应运而生。

智慧城市服务于城市各主体，是指在城市规划、设计、建设、管理与运营等领域中，通过物联网、云计算、大数据、空间地理信息集成等新一代信息技术的应用，使得城市管理、交通运输、教育、医疗、公用事业和公众安全等关键基础设施组件和服务更互联、高效和智能，从而为市民带来更美好的生活和工作服务、为企业创造更有利的商业发展环境、为政府提供更高效的运营与管理机制。

狭义上理解智慧城市是指使用各种先进的技术手段尤其是信息技术手段改善城市状况，使城市生活便捷；广义上理解智慧城市是指尽可能优化整合各种资源，城市规划、建筑让人赏心悦目，让生活在其中的市民可以陶冶性情、心情愉快，总之是适合人全面发展的城市。智慧城市是新一代信息技术支撑、知识社会下一代创新（创新 2.0）环境下的城市形态。

---

① 张元好，曾珍香．城市信息化文献综述：从信息港、数字城市到智慧城市［J］．情报科学，2015，33（6）：131－137.

一、智慧城市的起源与发展

一般认为，智慧城市的提法最早出自美国 IBM 的“smart city”。在 2009 年，IBM 公司首次提出了“智慧的城市”的概念，并从六个方面定义了其核心组成。“智慧的城市”的概念被定义后，智慧城市被世界各国当作应对国际金融危机和抢占未来科技制高点的重要战略，迅速成为世界范围内城市信息化的战略选择，因而被认为是未来城市发展新模式。IBM 认为“智慧的城市”的六个核心系统由关系到城市主要功能的不同类型的网络、基础设施、环境等方面组成，这些系统不是零散的，而是以一种协作的方式相互衔接。在“智慧的城市”应用实践中，为提高城市管理水平和使市民共享城市文明，我们使用新的科技去改善这些核心系统。

智慧城市的概念在欧美地区诞生，却在我国发扬光大。

为探索智慧城市建设、运行、管理、服务和发展的科学方式，2012 年，我国住建部发布关于开展国家智慧城市试点工作的通知，并印发《国家智慧城市试点暂行管理办法》和《国家智慧城市（区、镇）试点指标体系（试行）》两个文件，拉开我国智慧城市建设的序幕。2013 年，住建部在北京召开创建国家智慧城市试点工作会议，公布首批 90 个国家智慧城市试点名单，同时与第一批试点城市（区、县、镇）及所在省级人民政府签订共同推进智慧城市创建协议，提出智慧城市的初步目标是“高起点构架智慧城市的顶层设计，高标准构建智慧型的城市基础设施，高规格建立智慧型城市发展协调机制”。在国家政策的推动下，我国智慧城市建设进入追捧期，各级政府与相关部门以及资本普遍认为智慧城市发展前景广阔，未来发展趋势可期。

我国智慧城市的落地实施自 2014 年开始。经国务院同意，发改委、工信部、科技部、公安部、财政部、国土局、住建部、交通部等八部委印发《关于促进智慧城市健康发展的指导意见》，要求各地区、各有关部门落实本指导意见提出的各项任务，确保智慧城市建设健康有序推进。意见提出，到 2020 年，建成一批特色鲜明的智慧城市，聚集和辐射带动作用大幅增强，综合竞争优势明显提高，在保障和改善民生服务、创新社会管理、维护网络安全等方面取得显著成效，标志着“智慧城市”全面进入落地实施阶段。

2015 年，智慧城市首次写入政府工作报告，引发了社会各界的高度关注。在国家的推动下，我国渤海、长三角和珠三角三大经济特区，成渝经济圈、武汉城市群、鄱阳湖生态经济区、关天经济区等中西部地区的智慧城市建设均呈现出良好的发展态势。智慧城市的落地实施，标志我国智慧城市建设从盲目追捧期走向实施落地期，智慧城市建设投资逐渐回归理性。

2016 年，我国智慧城市进入发展转型阶段，踏上了新型智慧城市建设的新征程，开启了从 1.0 向 2.0 的跨越。国家发改委发布的《新型智慧城市评价指标（2016 年）》指出智慧城市要“以人为本、惠民便民、绩效导向、客观量化”，不仅关注智能业务性能，还应关注居民用户体验。在这一理念的驱动下，我国智慧城市向“创新、协调、绿色、开放、共享”的新目标转变。国家“十三五”规划纲要提出，建设一批示范性新型智慧城市。2017 年，我国启动智慧城市建设和在建智慧城市的城市数量超过 500 个。2018 年，我国在建智慧城市数量占全球的 48%，智慧城市建设即将领跑全球。截至 2019 年底，我国智慧城市试点也已基本覆盖全国各省、市和自治区，所有副省级以上城市，95% 以上地级市，50% 以上县级市均提出建设智慧城市。

当前，我国智慧城市发展面临新篇章。进入“十四五”时期开局之年，智慧城市的建设有了新要求新目标。习近平总书记分别在联合国大会和《巴黎协定》签署 5 周年之际发表了关于“控制碳排放”的重要讲话，中央经济工作会议也将“做好碳达峰、碳中和工作”作为当前和今后工作的重点任务之一，“十四五”将成为中国瞄准碳中和、实现碳达峰的关键阶段。2019 年，新冠疫情的不期而至，为现代城市带来了一场不小的考验。在疫情中，部分智慧城市建设落实较好的城市运用互联网、大数据、人工智能等信息技术手段提升了城市治理及管理的精细化、智能化水平，成功为疫情控制提供了有效协助。

从近年来的新闻报道、政策出台及实践看，建设与发展智慧城市已经成为我国中央政府、各部委和地方政府的重要经济工作内容和行动计划，也被国务院列入推动信息消费、扩大内需的重大举措。从实践来看，我国正在推动的智慧城市建设，不同于原先 IBM 等提出的智慧城市的概念，它是一项浩大、复杂的系统工程，这绝不是行业内很多人认为的信息化工程，而是涉及经济发展、社会福利、产业布局、企业运营、消费行为等诸多领域，需要精心策划，统筹运作，分步实施。不可否认，我国智慧城市建设已取得阶段性成果，为我国城市发展贡献了不少力量，但这项工程要取得理想成果，尚需时日。

二、未来城市形态

城市是人类文明的结晶，凝聚了人类科技、文化、政治、经济等要素，是人类物质与精神成就的最高体现。城市已经成为人类创新和发展的新引擎。在不断加速的城市化进程里，从街区粒度到整体市区的规模与结构，从出行方式到生活方式，都发生着剧烈的变化。第一次工业革命带动了城市化进程，城市规模效应刺激人口和产业向中心迅速聚集。20 世纪末信息化技术进步增进了沟通和工作效率，人口与企业向更宜居的郊区迁移，导致城市逆中心化发展。展望未来，随着新一代信息技术的进步与新基建的深化建设，城市之间的联系与影响逐渐加强加深，未来城市是生产生活生态空间相宜、自然经济社会人文相融的复合人居系统，是物质空间、虚拟空间和社会空间的融合。

九层之台，起于累土。从我国智慧城市的发展沿革来看，智慧城市的建设是一个漫长的迭代渐进的过程，不可能一蹴而就。当前，我国智慧城市的发展已经从前智慧城市时代发展到将产业、城市、人融合的协同综合治理 3.0 模式。人与自然和谐共生是中国式现代化建设的重要内容，绿色低碳发展是当前与未来发展的主旋律，智慧城市建设亦是如此。在智慧城市 3.0 + 时代，绿色低碳发展是携手推进绿色可持续发展，促进经济社会发展全面绿色转型，实现城市生态环境质量提高由量变到质变的关键。

前智慧城市时代是以政府单一管理的电子化、信息化为代表。这一时代也称作电子政务时代，行政管理是我国最早实施信息化的领域。20 世纪 80 年代中期，我国政府就开始实施办公自动化工程。1993 年，由中央政府主导的“三金工程”成为我国电子政务的雏形，彼时互联网尚未进入中国。1999 年，多家中央部委共同发起“政府上网工程”，政府网站成为互联网应用的重要组成部分。通过政府上网工程，实现政府职能上网，在网络上成立一个虚拟的政府，在互联网上实现政府的职能。前智慧城市时代的发展为智慧城市的建设奠定坚实的基础。

智慧城市3.0时代，更多是新技术的应用，比如人工智能、大数据、区块链、云计算、5G等，将用新的技术架构赋能一个智慧城市平台的管理。在智慧城市3.0时代以前，是智慧城市的1.0时代，即1到N的阶段。在这个时代，每个城市都有智能化、智慧化的需求，诞生了非常多智能物联网的设备。随着智慧城市的迭代发展，到智慧城市2.0时代，则发展成N到1，很多设备背后，城市都在有意识地去建立“城市大脑”、大数据平台，慢慢开始向城市数据集中式管理发展。1.0时代彼此割裂的设备设施在这个时代形成统一管理。

随着国家“双碳”目标的提出，智慧城市建设将进入到3.0+时代，即绿色低碳发展新阶段。数据显示，未来10年内，中国城镇化率有望达到70%。随着城市化率持续提高，城市能源消费量还将进一步增长。城市管理水平的高低和发展的质量将对城市整体发展产生重大影响。在3.0+时代，城市结构从单中心到多中心，最终到群落化，内外部系统及物理与数字空间的运作关系日益复杂。未来城市将成为一个有生命的、极其复杂的运行体系，其体内生长着具有不同机能的系统，城市各系统与各端侧皆具备自主意识与交互能力，具备思考决策的能力，通过自行决策进行城市管理。

以未来城市所应具有的智慧化决策能力及全局性管理能力为着眼点，智慧城市应同时具备以下几个特征。其一，全场景感知交互。以基础设施技术的完善与全场景覆盖为基础，构建城市生命体感知能力，实现居民与资源等要素的数字化孪生。其二，全环节智能决策。以云计算为基础，结合人工智能和大数据技术，城市大脑对整个城市进行全环节实时分析，让数据帮助城市做思考和决策，进化成为能够治理城市的超级人工智能。其三，全要素协同推进。基于顶层设计的一体化平台，将跨领域、深层次、多维度的数据连接，实现生命体全要素跨域融合、各系统智能化协同，辅助城市以统一标准推进基础设施网络建设。其四，全触点体验运营。对城市应用生态进行创新导向运营，对人的需求进行精细化管理，主动建立城市日常活动中资源与人的供需关系，实现资源智能找人，持续优化以人为本的体验。

三、智慧城市与城市治理

如前面的讨论，智慧城市是为解决城市发展中的问题而应运而生的。无论是城市中的交通拥挤、住房紧张、秩序混乱，还是城市物质流、能量流的输入、输出失去平衡，需求矛盾加剧等当前城市面临的问题，在一定程度上可理解为城市管理问题。显然，城市居民对日益增长的美好生活需要和城市发展管理不平衡不充分是一对矛盾，而智慧城市为城市治理提供了必要的经济、技术条件，促进了治理方式的创新。

近年来，我国的智慧城市进入爆发式增长。智慧城市发展理念得到普及，形成了从智慧家庭、智慧社区、智慧城市到智慧社会的全方位智慧理念，智慧城市建设标准逐渐完善。各地公共服务数字化程度得到明显提升，通过数据中心、各类平台和应用的建设，城市管理效率、政府办公效率、民生服务效率得到提高。城市治理模式得到创新，城市网格化管理、城市运营指挥中心、参与式规划等新模式得到应用。在肯定智慧城市发展的同时，也应该看到智慧城市发展尚存挑战，规范体系不健全、制度供给不足、监督制约机制不完善等问题普遍存在。

（一）治理的规范体系不健全

城市治理是政府负责和多主体参与下的治理，在此过程中不可避免地会产生权力与权利、公益与私益冲突的问题。如何调节城市治理中固有的矛盾，以有效解决城市问题和多主体需求是智慧城市加持下实施城市治理出发点和落脚点。如居民健康码多场景、多应用地协同使用是新一代信息技术在我们的日常生活中应用最广泛的一次，是智慧城市加持下实施城市治理的冰山一角。随着新一代技术带来的应用革新，无论是搭乘公共交通、申请政务服务，还是购物消费，城市生活对技术的依赖度越来越高。我们在享受新技术带来城市便捷生活的同时，也要辩证地看待新技术应用于治理而带来的困扰。如前面在数字乡村所讨论，在利益的驱使下，利益主体极易将技术化身为其逐利工具，这在智慧城市下的城市治理同样会出现。如果没有制约或监督机制去防范技术的掌握者应用技术作恶，那么他们实施技术作恶只是时间问题。

适于智慧城市的城市治理的规范体系是实现智慧城市加持下实施城市

治理产生的公益和私益、权力和权利这些要素间的平衡器，可以有效缓和公益与私益、权力与权利间的紧张状态。在这一论断下，为有效避免智慧城市在实施治理过程中的衍生问题，迫切需要建立一套适于治理需要的规范体系，秉持公平公正的理念，严格遵循相关的法律依据。事实上，当前智慧城市不仅缺少明确、可操作性强的法律依据，还缺少政策、标准等软法的供给，治理的规范体系并不健全，也尚无针对智慧城市加持下实施城市治理方面的规范体系。

除了适于智慧城市的城市治理规范体系的缺失，城市治理的必要程序和人权保障等方面的细化规定同样欠缺，使得智慧城市在收集、处理数据的目的、范围、方式约束失范。这将直接导致数字官僚、形式主义、治理权力过度介入私人领域等数字化异化现象。随着这种现象的出现并逐步蔓延，不仅会导致智慧城市的城市治理的优势慢慢丧失，还将无法充分保障城市居民的合法权益，更无益于城市治理的善治目标，导致智慧城市加持下实施城市治理从“技术机遇”滑向“技术利维坦”。

（二）治理的法规供给不足

随着智慧城市在城市治理的契合的深化，公共领域不再受到现实条件的束缚而发生急剧扩张。这种急剧的扩张将导致治理压力与日俱增，将对智慧城市提出新挑战，引发治理失灵。为防范可能出现的治理问题，需要法规对之进行保障。但是，如上一节的讨论，现有规范体系并不健全。实际上，现有制度法规对治理主体收集处理治理对象的隐私数据、数字弱势群体权益保护等方面尚存漏洞，以至于无法有效破解智慧城市加持下实施城市治理的实践困境。基于此，为适应智慧城市这一技术治理的灵活性、开放性和先进性，制定智慧城市主导下的城市治理过程中的法律法规，形成新的治理模式变得尤为重要。

我国目前有关智慧城市框架下实施城市治理的法律规范供给并不充足。一方面，相关法律规范内容供给不足。这些法律规范一种是国家层面制定的上位法规，另一种是地方层面制定的法规，涵盖法、决定、纲要、推荐性国家标准等政策性、指导性文件等。这些法律规范散乱分布于国家层面和地方层面的法条、政策、标准等文件之内，并未形成专门针对智慧城市的社会治理的法律或政策性、标准性文件，导致实施城市治理的法律规范内容供给的不足。另一方面，相关法律规范效力供给不足。法律能够被遵守是因为有国家强制力作为支撑，然而规范能否被遵守则倚仗于外力作用的发挥。只有规范的内容具备科学性和合理性，才能使得治理主体实施城市治理时形成自律。应当看到，现有法律与规范的衔接不通畅，使得法律与规范在智慧城市治理应用上形成割裂，尚未形成混合治理格局；同时，目前智慧城市相关的法律规范的法定程序并不明确，特别是在信息公开、公开征求意见、备案管理等方面。上述因素造成的法律规范品质不高、缺乏科学性和合理性，使得在智慧城市加持下实施城市治理时治理主体对于相关法律规范的认同度较低，最终导致法律规范效力供给不足。

（三）治理多元主体参与的制度供给不足

智慧城市的城市治理是共建共治共享的治理。共建共治共享格局下的多元主体，主要包括政府、社会组织、市场主体、公民等。可见，这场治理盛宴中离不开多元主体的有效参与。但是，受制于多元主体参与的智慧城市制度供给不足，共建共治共享格局下的多元主体难以有效地参与其中，直接导致了多元主体参与这场治理盛宴的实效性不足。

一方面，在智慧城市建设与发展的过程中，政府以外的多元主体的利益表达能力受到一定限制。在共建共治共享格局下，智慧城市加持下实施城市治理的落脚点是维护多方利益，而这需要有利益表达机制的支撑，因此，在这一过程中维护多方利益的前提条件是各治理主体与治理对象能够借助利益表达机制充分表达自身的真实需求。理论上，智慧城市框架下的城市治理需要关注和重视各治理主体与治理对象的利益诉求，但在实践中由于政府以外的主体参与城市治理的利益表达机制并不健全，这将导致他们不能充分表达其利益。还应值得注意的情况是智慧城市引发数字鸿沟现象的日益凸显，智慧城市在为政府和其以外的治理主体之间的互动和沟通搭建技术性桥梁的同时，在利益的驱动下发生的利己行为，形成互动的技术壁垒。由于政府以外的多元主体利益表达能力有限，在整个过程中处于弱势地位，极有可能弱化政府对他们参与价值的认同感。这将直接影响政府与政府以外的多元主体间的良性互动，也将影响他们参与城市治理的实效性提升。

另一方面，政府主导的管理模式是长久以来我国地方政府秉持的社会管理范式，在这一范式之下，政府对社会管理以提升管理绩效为目标。为完成管理绩效目标，政府更多考虑自身在整个系统中的作用，因而在公共政策和措施从启动到实施的全过程中弱化了政府以外的其他多元主体参与的作用。在治理过程中，政府以外的多元主体参与一些管理活动是活动流程的必要环节，但因结果反馈机制的缺失或执行的欠缺，难以保障其他主体的有益意见被政府这一主导活动的主体吸收采纳，从而导致政府以外的其他主体参与治理流于形式。可见，政府以外的多元主体参与智慧城市建设，其一，需要有良好的信息公开制度，确保政府以外的多元主体能够及时充分地知晓参与治理的信息；其二，需要健全的利益表达机制，以实现多元主体在参与过程中充分表达他们的利益诉求；其三，需要健全的结果反馈机制，以确保多元主体的利益诉求得到占据主导地位的政府的积极回应。只有做好智慧城市建设的制度保障，才能切实提升多元主体参与城市治理的实效，实现共建共治共享的治理目标。

（四）治理的监督制约机制不完善

促使智慧城市治理权力规范运行的首要任务是把权力限定在监督和问责的红线内。智慧城市的城市治理的本质是通过新一代信息技术的应用将公权力用于城市治理，通过运用技术工具实现对城市问题、公众需求的精准识别和精准施策，达成治理目标。在治理的过程中，较容易出现治理主体应用所掌握的治理权力超出其应用边界的问题，表现为权力失范、权力滥用等，这将影响城市治理权力效用的发挥。社会监督机制、责任追究机制、安全监管制度等针对城市治理权力的监督制约机制不健全，是治理权力失范与滥用的主因。

其一，权力运行的社会监督机制不完善。与其他权力监督类似，智慧城市的城市治理权力的监督包括内部和外部两种途径的监督。内部监督是由政府内部负责监督工作的部门实施的监督，这种监督可能是上级部门对下级部门的监管，也可能是同级部门因工作职责而发生的监督；外部监督是指政府部门之外的社会组织、团体、群众等对城市治理权力的监督，典型的权力外部监督方式有社会监督。现阶段，我国对于智慧城市的城市治理权力的监督，主要采用内部监督的方式。政府作为城市治理权力的持有者，在治理实践中仅依靠内部监督的方式，显然难以起到规范权力行使的作用，因而需要外部监督作为补充。社会监督作为一种外部的动态监督，对于城市治理权力运行的感知灵敏，能够与内部监督形成合力共同对城市治理的权力进行监督制约，理应成为社会监督的重要力量，由于智慧城市的城市治理权力运行的社会监督机制并不完善，导致社会组织、团体、群众等政府以外的多元治理主体无法及时有效地参与到社会监督的过程中去，以至于社会主体对于智慧城市的城市治理权力运行的监督力度不足。

其二，权力运行的责任追究机制不完善。有权必有责、失责必追究。权力的应用应当与责任相制约，权力一旦失去责任的制约，无论通过其他什么形式对其进行制约，都将无法有效遏制权力的滥用。因此，城市治理权力的监督只有在责任追究机制下对滥用权力进行问责，追究其相应的责任，才能确保权力良好有序运行。从传统行政追责制度看，责任承担的主体模糊、责任承担的范围不清等现有困境，影响智慧城市的城市治理权力运行责任追究机制的构建。我们在前面章节讨论的某高速岔道口自动抓拍的技术作恶事件，官方在应对事件时为规避自身责任，将责任转移给其他治理主体。诸如此类问题暴露了责任追究机制在责任承担主体认定以及责任承担范围划分上的不足。在责任承担主体的认定上，基于智慧城市及其应用作出的智能化决策出现错误导致个体的合法权益受到侵害，势必需要有相应的主体为此承担决策出现错误的责任，应由哪一个主体承担这一责任成为问责的棘手问题。除了责任承担主体的认定，权力运行的责任追究还需明确责任承担的范围。治理主体在权力运行中，出于对自身的利益保护往往将治理出现的责任转嫁给“技术故障”，从而规避现实责任的情况。在利用智慧城市及其应用进行治理的过程中，这种因“技术故障”而引起的问题，相应的责任主体如何承担责任、承担多少的责任也是模糊不清的。

其三，治理的安全监管制度不健全。从监管的视角看，我国的安全监管职能是按照部门的职责与行业的特点进行划分的，负有安全监管职责的部门在法定职责内实施监管职责。事实上，这种监管模式存在两个弊端：在有利可图的安全监管的事宜上，由于安全监管职能交叉重复，导致各个安全监管机构难以划分各自的监管界限，各职能部门争抢实施监管，极易在安全监管领域形成“九龙治水”和重复监管的局面，造成行政资源的浪费；随着智慧城市应用场景持续增加，在安全监管难度大，出力不一定讨好的监管事宜上，容易出现无人监管、互相推诿等问题。在共建共治共享的治理格局下，多主体共同参与推进智慧城市公共基础设施建设是大势所趋。例如，2019年腾讯云以5.2亿元中标长沙市城市超级大脑项目，因项目实施过程中有着政府、企业等多方主体的共同参与，使得项目在进行和后续作用发挥过程中将面临众多的风险挑战。为了顺利推进这一项目的进行和后续作用的发挥，有必要对其加强监管力度。这不仅需要完善安全监管措施，而且要求安全监管机构严格履行安全监管的职责，才能实现安全监管机构对这一项目全过程进行有效监管。

第三节　数字政府

通过前面的讨论可以看到，以互联网、大数据、人工智能等为代表的新一代信息技术，正在广泛应用于政务管理服务中，“最多跑一次”“一网通办”“一网统管”“一网协同”“接诉即办”等创新场景不断涌现在我们生活场域。数字政府围绕社会实际需求场景进行数字化、智能化的创新重构，重塑政务信息化管理架构、业务架构、技术架构，形成用数据对话、用数据决策、用数据服务、用数据创新的现代化治理模式。

党的十九届四中全会首次提出“推进数字政府建设”，党的二十大报告，相继出现“数字中国”“数字经济”“数字产业集群”“数字贸易”“教育数字化”“文化数字化”等概念，体现了“数字+”成为新时代发展的新元素、新动能和新途径。在“中国式现代化”发展进程下，数字政府问题无疑是最为重要的政治命题之一。

随着新一代信息技术的进步，技术契合于政府治理，赋能政府治理效能提升已成为发展趋势。新一代信息技术契合政府治理促进政府形态由传统政府向数字政府变革，对政府组织结构、绩效产生持久而深远的影响。可见，数字政府意味着治理范式的革新及政府自身的变革，触及政府及其部门的权与利、职与责，并将打破在科层制治理范式下形成的政府权力格局。数字政府建制下，政府不仅要关心技术在治理上的应用，更要关注数字治理中政府的职责、权力、效率和能力，关切其职能履行及数字治理中可能存在的陷阱。基于此，本节聚焦数字政府的边界、职能履行与可能存在的陷阱，解构政府在数字治理中的边界，多角度解析数字政府的职能履行，多维度审思数字治理中可能存在的陷阱。

一、数字政府的边界

政府数字治理是以数字技术赋能推进基本公共服务实现均等化、促进数字经济和推动经济深度融合、提高全社会文明程度、大力推进生态文明建设、统筹发展和安全，驱动引领中国式现代化发展的治理。从这一视角看，政府数字治理的边界表现为政府在数字治理中的权责与效能，并可进一步解构为职责边界、权力边界、能力边界和效率边界四个维度。政府数字治理的边界框定政府实施数字治理的权责与效能，界定数字治理中政府应当配置的权力与资源，划定数字治理责任部门规模与职责，是治理主体纵向、横向与内外之间互动协同的界线。

（一）职责边界：数字政府的职能与责任

政府职责体系作为现代政府治理体系的重要组成部分，为政府角色定位、职责厘清、行为规范和价值依归提供基本遵循①。政府作为一个公共组织，在不同场景中承担着特定的职责。特定的职责界定政府并非包揽所有，职能和责任应局限于一定范围，即政府的职责边界。政府的职责边界是指政府自身确立的职能和责任的范围②。数字治理中政府的职责包含开展数字治理的职能和承担数字治理的责任。

职能是政府开展数字治理活动的逻辑起点，是政府分配数字治理资源、分摊数字治理任务、划定部门责任、评定数字治理效能的依据。政府开展数字治理的职能边界集中在三方面：其一，相关法律法规以及规章制度直接赋予的职能；其二，代表数字治理职能的“三定方案”（定机构、定职能、定编制）所确定的职能；其三，源于规范性文件、行政决定、上级文件之规定的职能。随着环境的变化，政府在履行职能的过程中会将更多精

---

① 殷旺来，李荣娟．新时代政府职责体系的研究进展、逻辑转换与展望［J］．理论月刊，2023（2）：5－15．

② 何哲．政府边界问题及行政体制改革的基本原则研究：基于政府权力边界、职责边界、效率边界与能力边界分析［J］．北京行政学院学报，2016（4）：55－65．

力投入某些重点职能的履行中①。从这一视角，职能边界与政府数字治理的其他边界并非一成不变，而是随着政府开展治理的进展与需要而发生改变。如近两轮机构改革建立的网络安全和信息化委员会与国家数据局，表明政府数字治理的边界随着数字时代的来临与发展而变化。

数字技术嵌入政府治理，涉及政府、企业与社会等不同主体，相应形成政府责任、企业责任与社会责任。在政府层面，技术与公共服务的全面结合，这一过程将涉及政府多个层面的责任：职责赋予的法定责任、引入技术的决策责任、技术发展的监督责任②。政府责任是政府开展数字治理活动的必然代价，是政府防范数字治理权力失范、遏制数字治理越界、规范数字治理行为、减轻数字治理损害的保障。数字治理中政府责任范畴体现在两方面：一方面，政府对数字治理对象的责任；另一方面，下级政府对上级政府的责任、上级政府对下级政府的责任以及本级政府之间相互的责任。数字治理是多元主体共同参与的治理，职责边界框定数字治理中政府与其他主体之间的分工与协作界限，划定政府与其职能部门在数字治理中的职能与责任，是维护数字治理秩序的规范。

（二）权力边界：数字政府的获权与行权

政府权力来自法律授权，政府行使权力的方式、顺序、时限等必须遵循法律规定，政府违法行使权力，给公民、法人和社会组织造成危害，必须承担法律责任③。数字治理中政府的权力边界是政府在宪法和法律法规等授权下形成的用于数字治理的公共权力界限，遵循“法无授权即禁止”原则，体现的是数字治理中政府的核心职能范围。

职权法定、依法行政的原则和规范体系，成为政府行使权力、实施治理的有效路径和手段④。因此，数字治理中政府权力边界应具有如下特征：其一，权力法定性，数字治理中政府的权力来源于宪法和与数字治理相关的法律法规；其二，权力公共性，数字治理中政府的权力是用以管理数字

---

① 竺乾威．国家治理体系现代化与政府职能转变［J］．求索，2023（4）：106－111．

② 杨建武．人工智能嵌入政府治理的责任困境及其政策纾解［J］．西南民族大学学报（人文社会科学版），2022，43（4）：192－200．

③ 吴传毅．法治政府建设的多维审视［J］．行政论坛，2019，26（3）：110－116．

④ 汪玉凯．界定政府边界：汪玉凯谈政府改革［M］．北京：中国友谊出版社，2010．

治理事务的公权力；其三，权力无形性，数字治理中政府的权力并非显性的，只在实施数字治理时才会显现；其四，权力模糊性，数字治理中政府的权力边界在实践中并非十分确定，会因行权主体的裁量权而产生不确定性。

行政组织法对政府、社会组织、互联网平台等主体及其权力来源的规定，实际上划定了公域治理主体发挥功能作用的外部界限，防止政府或互联网社会主体以保护公共利益的名义过度侵入私人场域中，规避权力滥用。① 数字治理中政府的权力边界表现为权力来源与权力行使边界两方面。在权力来源上，强调权力的设定与授予，这种权力归属于政府实施数字治理的主体，是政府承担数字治理主体的专属权力。在权力行使上，政府数字治理权力边界强调权力使用的条件与程序。政府数字治理的权力没有约束机制极易引发权力边界失范，导致政府行使数字治理权力任性。此语境下，政府实施数字治理启用权力应基于一定的前提条件，使用权力要符合规定的程序，在政府权力清单内用权，并需要加强用权监督。

（三）能力边界：数字政府实现的效用与效能

政府的能力边界是指政府具有履行数字治理的能力范围与极限，表征政府达成数字治理目标的可能。数字治理中政府的能力边界反映了在现有职责边界、权力边界、效率边界的支撑下，政府实施数字治理活动，提升社会治理效能范围的有效半径和调整治理关系的极限。

国家治理现代化是中国式现代化的标志之一，也是我国机构改革的一个目标。在实现这一目标的过程中，政府能力是一个至关重要的因素②。数字治理中政府能力受限于一系列主客观因素的制约。其一，技术限制，即源于数字治理的成熟与否以及技术应用。数字治理基于的数据、算法、算力与实践应用的差距，政府是否具有应用数字技术实施数字治理会直接影响数字治理中的政府能力。其二，治理范式，即科层制治理范式与官员按部就班行事模式。科层制治理范式不利于数字治理创新、改革以及应对外

① 陈可翔．互联网公域治理结构转型与行政组织法发展［J］．东方法学，2022（5）：74－88.

② 竺乾威．国家治理与政府能力提升：组织制度层面的分析［J］．中共福建省委党校（福建行政学院）学报，2023（1）：4－11.

部环境的变化，官员按部就班行事模式限制数字治理共建共治共享所需多主体参与的组织协调。其三，资源禀赋，即政府开展数字治理所掌握的人力、财政、数据、知识资源等。

数字治理是政府在治理上的革新。革新意味着政府治理职能发生较大程度的转型，政府可能需要在转型时出现的多重数字治理目标与价值冲突间进行取舍，当数字治理的结果与治理目标相悖，则可能数字治理中政府的效率趋于零，即出现政府数字治理的能力边界。

（四）效率边界：数字政府的效力与效度

数字治理中政府的效率边界是指在数字治理中政府资源配置与取得的数字治理成效之间的比率，度量数字治理中政府行之有效行为的范围。在数字时代，政府治理的传统制度框架将会受到挑战，对传统治理模式的路径依赖可能使政府治理陷入困境①。这一困境将导致效率损失，倒逼政府优化结构，提高自身效率以回应社会诉求。

数字治理中政府效率边界描述数字治理中政府投入与产出之间的关系，关注数字治理中政府治理行为的成本与社会收益。考虑数字治理是多主体参与的治理，根据成本与社会收益的关系，可进一步将数字治理中政府效率边界划分为相对效率边界与绝对效率边界。相对效率边界用于描述数字治理中政府与其他治理主体成本与社会收益的关系，即在一定资源配置下，其他治理主体的资源配置产出高于政府的资源配置产出效率；绝对效率边界用于描述数字治理中政府本身在一定资源配置下，用于数字治理资源配置的社会总收益不抵数字治理资源配置的边界。相对效率边界与绝对效率边界确定了数字治理中政府成本与收益并非正比曲线，而是先增后减的曲线形态。在数字治理实践中，这种曲线的特征将为政府数字治理资源配置提供重要决策参考。

二、数字政府与数字治理

在“共建共治共享”的治理理念下，政府并非数字治理的唯一主体，

---

① 赵建华，杜传华．数字经济推动政府治理变革的机制、困境与出路分析［J］．理论探讨，2022（2）：154－158.

因而并非所有的数字治理事务都归属政府，数字政府的职能范围内的事务只能是特定的数字治理事务。数字治理是数字技术引发的全方位治理变革，数字治理不仅依托数字技术的基础支撑，更有赖于各治理主体的参与和协作，因而数字治理需要厘清体系结构，界定政府履职范围，促进数字政府的职能履行，即框定数字政府的治理广度。一是要构建新的治理理念。中国式现代化是人口规模巨大的现代化。巨大的人口规模需要庞大繁复的社会系统和资源作为支撑，以满足庞大人口需求的中国式现代化要求，推进全国统一市场现代化、公共服务现代化与社会经济发展现代化①。推进实现人口规模巨大的现代化，满足人民日益增长的美好生活需要是政府的重要职责。数字治理是满足人民日益增长的美好生活需要的重要举措，数字治理中政府的履职范围应以人民的需要为中心。在数字治理实践中，应充分发挥数字治理理念在数字治理中的引领作用，将以人民的需要为中心的数字治理理念贯穿于数字治理全过程。二是要推动治理范式革新。数字技术在政府治理中的应用逐渐普及，技术治理成为政府治理的主要趋势。数字治理作为技术治理的最新形式，正在经历由传统科层制管理向数字治理范式变迁，势必成为政府治理未来的重要方式和发展趋势。近年来，数字治理以其数字化、信息化、智能化的优势突破了科层制政府碎片化条块分割的治理格局，使政府治理水平得到质的提升②。在这一过程中，亟须政府变革治理体系、优化资源配置，变革职责体系、实施机构改革，推动数字治理范式成为新的政府治理范式。三是要在法规制度上发力。完备的法规制度是政府开展数字治理的前提和基础。现有的法规制度在数字治理上存在政策协调性不够、兼容性不强、缺乏连贯性等缺陷，难以满足数字时代未来“依法治数”新需求。数字治理范式亟须配套的法律法规、规章制度对数字治理的建设、管理、使用全过程加以保障。围绕推进依法治数，数字治理平台建设、服务管理、安全保障、数据共享等方面的标准体系亟须完善，与数字治理配套的评估与评价、绩效与考核、问责与激励以及各治理

① 罗哲．青年人才：中国式现代化建设的重要动能［J］．人民论坛，2022（23）：34－37.

② 康雅倩．新时代数字治理的主体性困境及其科层制破解［J］．理论导刊，2023（3）：18－24＋43.

主体权力与责任相关的配套机制亟须改进。

数字治理广度框定数字治理中数字政府的事务的范围，治理深度则界定数字治理中政府应用数字技术落实治理事务的程度。在数字技术的加持下，政府进一步强化数字技术在治理实践中的应用，构建起基于数据的决策模式，实现全要素网格化治理，以数字治理平台实现多元主体共同参与治理，以数字技术及其应用助力政府治理事务在不同应用级别、不同应用场景、不同应用业务的需要，实现由事后治理转向事前治理、由粗放治理转为精准治理的革新。一是加快信息化支撑的数字治理平台建设。探索搭建全国一盘棋的数字治理平台，应用新技术、新方法对数字治理信息进行筛选甄别，提升平台数据采集质量，做好数字治理数据清洗、数据分析等工作，保障平台数据资源开发利用，充分发挥数字治理平台桥梁作用，持续扩大数字化连接，推动数字治理各主体数据资源的有机整合，实现政府部门、社会组织、商业机构等多元主体数据共建共享。二是加强数字政府的能力建设。数字治理场域离不开数字技术的支撑，直面数字治理的现实要求，政府要突破现有数字治理发展瓶颈，不断升级自身数字素养和技能水平，加快数字治理人才培养，拓展公务人员数字思维、素养和技能，提升引导多元治理主体参与数字治理协同的能力，坚持合作创新，推动与科研机构、高等院校、技术企业等主体接轨，共同推动数字技术应用于数字治理手段的快速迭代。三是探索数字技术在数字治理事务中的应用。加快区块链、大数据、人工智能等现代信息技术在数字治理领域的研发应用，基于技术应用制订治理决策、配置治理资源，实现精准治理，加大移动政务终端、App、公众号的普及使用，拓展应用场景，提供便捷服务。同时，强化安全保障，谨防技术作恶。建立健全数字治理安全防护体系，保障基础设施、平台系统、数据资源等平稳运行，限制多元主体治理行为，防范其应用技术权力实施作恶，谋求不当政治、经济利益。

资源配置是实施数字治理最为基础的支持条件，无论是网络架构、平台建设、数据采集等数字治理所需各种硬件设备，还是技术研发、人员配置、制度保障等数字治理所需各种软件条件，数字治理各环节运行都离不开资源配置。在数字治理中政府应不断健全和完善资源配置，根据开展数字治理事务需要确定资源配置的密度，依据法律强制与行政处罚调整的需要资源配置的强度，提升资源配置的效度，防止出现因资源配置不足而使数字治理难以落地的困境。同时，资源配置应结合数字政府的效率边界规律，防范资源配置过量产生资源浪费。在行动上，一方面要合理配置财政资源。依据数字政府的效率边界与收益曲线投资特征，未来在倒U形曲线前部分持续加大对以“新基建”为代表的数字产业投资力度，加强资金投入的预算管理，设置各类专项资金向大数据、人工智能、5G等数字产业倾斜，提高资金使用的效率和效益，合理配置资金支持新一代信息技术产业发展，引导汇聚产业集群。另一方面要创新人力资源配置。人力资源要素是数字治理最核心的要素，是阻碍治理范式由传统科层制管理向数字治理革新的关键性因素之一。数字治理人力资源是指掌握管理、统计、新一代信息技术等学科技能的复合型人才。数字治理中人力资源配置并非简单增加人力资源配置数量，而是在政府职责内着手改革与创新，通过引进高素质复合型人才、培训现有人员等方式提高专业人员配置密度，以权责相当的原则调整人力资源配置的强度，以激励奖励提升人力资源配置的效度。

三、政府开展数字治理的多维审思

政府在倡导数字治理、实施治理转型的同时，也不能忽视数字治理发展过程的陷阱，首先是数字政府的边界的约束。如前面的讨论，数字政府的边界框定政府实施数字治理的权责与效能，界定数字政府应当配置的权力与资源，划定数字治理责任部门规模与职责，是治理主体纵向、横向与内外之间互动协同的界线。在权与利、职与责、资源配置等因素的诱导下，政府或其职能部门一方面会争取更多的人力资源和物资充实其实体规模，另一方面会通过技术应用拓展其职责、权力、效率和能力边界以增加自身实体规模的合法性。政府这种调整边界的动机和行动，并不能提升治理效能，反而会改变资源配置密度，弱化资源配置强度，降低资源配置的效度，引发数字政府边界的失范。在数字治理实践中，一方面要加快治理范式的革新，改变当前科层制治理范式在数字治理中的缺陷，进一步推进政府机构改革，整合划定部门职能职责，优化“三定方案”，纵向上明晰数字治理中各级政府的权责，横向上明晰各职能部门的权力；另一方面要推进治理体系、治理逻辑和标准化建设，建立国家层面的数字治理标准体系，围绕数字政府的职责、权力、效率和能力边界，瞄准治理焦点，对数字治理涉及的内容逐一加以规范，加快全要素、全流程标准化。

技术至上是数字治理的主要特征。在数字治理中，技术从来就是一把双刃剑，既能通过促进治理能力和治理水平提升造福于人类，同时也可能陷入技术陷阱而产生技术恶果。推动数字治理，要防范数字技术陷阱，破除技术普适、技术万能的思想误区。在数字治理实践中，从技术视角，要规避技术自身的陷阱，数字治理依仗数据、模型算法与算力三大核心要素，每一个核心要素都有相应的前沿核心技术支撑，数字治理过程是由庞大治理数据、缜密算法逻辑和强有力算力支撑的复杂过程，因而在技术上要防范陷入数据收集不完备、算法失灵、算力支撑不足之陷阱。从应用视角，要防范技术作恶的陷阱。受特定利益的驱使，数字治理利益主体有实施技术作恶的动能，通过调整数据输入、构建和运行特定算法模型等方式将技术化身为逐利工具，凭借其权力实现对数字治理的控制，主导数字治理过程的资源分配、技术应用，形成有倾向的治理决策，带来治理风险，影响数字治理效能的发挥和政府治理能力的提升，引发政府职责、权力、效率和能力边界失范。此语境下，数字治理技术并不是政府实现治理现代化的万应灵药，一味推崇技术至上可能引导政府跌入技术陷阱，盲目追求数字治理的普适性，忽视数字治理场域的复杂性、治理主体的多元性等问题，引发数字治理的潜在安全风险。

政府与市场、社会之间的内外协同可以发挥不同主体的特点，实现共同治理①。可见，数字治理不仅事关政府内部管理，也涵盖政府与市场、社会、群众等主体之间的多重复杂关系，是多主体共同参与的共建共治共享体系。在共建共治共享体系下，多主体参与的数字治理模糊了原本属于政府的绝对地位，极易引发政府的不适，使其陷入主体之争的陷阱。一方面，在政府内部，数字治理并非某一层级政府或某个部门的职能，但出于利益的争夺，政府或部门极有可能采取利于本主体的策略，导致政府或部门各自为政且难以协调之局面。另一方面，政府与其他治理主体之间的关系同

① 黄璜，谢思娴，姚清晨，等．数字化赋能治理协同：数字政府建设的“下一步行动”[J]．电子政务，2022（4）：2-27．

样不容忽视。这是因为，政府在数字治理中往往追求公共价值的创造，而其他主体则往往追求利润的实现，二者之间貌合神离的关系难以调和。此外，在共建共治共享体系之下，政府与其他主体深入关联乃至难分难解，极易引发他们之间的“合谋”，让游离于他们之外的主体因此“失声”。因此，在实施数字治理时，政府要发挥好应有作用，加强内外部协调，为其他主体提供良好的参与环境，锚定数字治理主导者的主体地位。

第四节　数字中国

《数字中国建设整体布局规划》指出，建设数字中国是数字时代推进中国式现代化的重要引擎，是构筑国家竞争新优势的有力支撑。加快数字中国建设，对全面建设社会主义现代化国家、全面推进中华民族伟大复兴具有重要意义和深远影响。在国家全面战略部署下，各地区、各部门、各领域积极探索实践，坚持稳中求进工作总基调，完整、准确、全面贯彻新发展理念，加快构建新发展格局，着力推动高质量发展，统筹发展和安全，强化系统观念和底线思维，加强整体布局，按照夯实基础、赋能全局、强化能力、优化环境的战略路径，全面提升数字中国建设的整体性、系统性、协同性，促进数字经济和实体经济深度融合，以数字化驱动生产生活和治理方式变革，加快建设网络强国、数字中国。在国家战略布局和新一代信息技术发展的持续推进下，我国网民数量、数据资源等全球领先，数字技术深度融入经济社会生活，数字经济蓬勃发展，一幅全新“数字中国”的画卷正被徐徐打开。

一、开启数字之门

数字基础设施是描绘数字中国美好画卷的底色，是开启数字之门的钥匙。在数字中国战略推进下，我国数字基础加快夯实，代表数字中国底座的网络、算法算力、应用等基础设施规模和服务能力快速增长，“双千兆”网络深度覆盖进程加速，网络基础设施覆盖区域持续下沉，算力基础设施规模世界领先，“东数西算”工程全面开展，工业互联网、车联网、能源互联网等应用基础设施加速赋能高质量融合发展，一体化协同发展水平稳步提升。

1. 网络深度覆盖

在数字化浪潮的推动下，网络是推动数字产业高质量发展的重要基石。在网络发展中，我国秉持“稳”字为舵、稳中求进的战略定力，致力于构建更加坚实、高效、智能的网络设施体系，积极推动网络资源向更深层次、更广范围的应用拓展，促进数据资源的流通共享与价值挖掘，为数字中国建设和高质量发展注入强劲动力。

据第53次《中国互联网络发展状况统计报告》，我国以5G、千兆光网为代表的“双千兆”网络进入快速发展建设阶段，互联网宽带接入端口数达到11.36亿个，千兆及以上速率的固定宽带用户突破1.63亿户，移动通信基站总数突破1162万个。其中，5G基站总数突破337.7万个，覆盖所有地级市城区、县城城区，5G移动电话用户达8.05亿户，IPv6规模部署与应用深入推进，IPv6活跃用户数达7.62亿，我国互联网加快向IPv6演进升级。随着“双千兆”网络的深度覆盖与普及，不仅极大地促进了数字经济的快速增长，也为远程办公、在线教育、智慧医疗、智能制造等新兴产业提供了强有力的网络支撑。随着5G技术的进一步成熟与商用化，其低时延、高带宽的特性将催生出更多创新应用场景，如自动驾驶、远程手术、沉浸式娱乐等，这些都将深刻改变人们的生产生活方式，推动社会经济的全面数字化转型。IPv6的广泛应用，标志着我国互联网基础设施向更加先进、安全、开放的方向迈进，为构建全球互联网治理新秩序贡献了中国智慧和中国方案。

2. 算力基础设施全面建设

2024年政府工作报告提出，适度超前建设数字基础设施，加快形成全国一体化算力体系，培育算力产业生态。在算力基础设施建设上，我国建立算力标识体系，完善算力互联互通标准规范，加强算力互联关键技术攻关，强化网间互联数据传输效能，研发算网云调度系统，升级新型互联网交换中心、骨干直联点功能，提升算力接入网络能力，为数字中国奠定坚实算力基础。

据相关报道，截至2023年底，我国推动基础电信企业规划建设超过

180 条“东数西算”的干线光缆，骨干网互联带宽扩容到 40 T，全国算力枢纽节点 20 ms 时延圈已经覆盖了全国主要城市。在用数据中心机架总规模超过 810 万标准机架，算力总规模达到了 230 EFLOPS，每秒 230 百亿亿次浮点运算；智能算力规模达到了 70 EFLOPS，每秒 70 百亿亿次浮点运算，增速超过 70%。在技术的推动下，政府、企业和社会各界将加强合作，共同推进数字技术创新与产业融合，形成数字经济与实体经济深度融合的新生态，为构建新发展格局、推动高质量发展提供强大动力。在这一过程中，我国数字基础设施建设将迎来新一轮的高潮，政府将加速构建算力调度和交易机制，持续加大投入，促进算力资源在全国范围内的优化配置与共享利用，推动算力基础设施向更加智能、高效、绿色方向发展，构建安全可靠的算力产业生态。

3. *数据资源供给充裕*

数据是新的生产要素和战略资源。建设数字中国，数据资源是核心驱动力。数据的开发关系着国家治理、经济发展与社会生活，对经济社会发展具有举足轻重的推动作用。当前，我国数据政策与制度加快构建，数据治理体系不断完善，数据开发开放力度不断加大，推动数据资源供给有序流通，深刻影响着国家治理的现代化进程、经济发展的转型升级以及社会生活的智能化变迁，对数字中国全局的繁荣与进步起着无可替代的促进作用。

据《全国数据资源调查报告（2023 年）》，我国 2023 年数据生产总量达 32.85 ZB，年度增长率高达 22.44%，彰显了数据产业的蓬勃生机。同时，数据存储能力亦显著增强，总量达到 1.73 ZB，其中云存储技术以其高效便捷的优势，占据了超过四成的市场份额。为促进数据资源开发利用，充分挖掘数据资源的潜力，全国范围内已有 22 个省级行政区及 4 个副省级市积极响应，出台了一系列数据相关条例，为地方数据治理工作提供了坚实的法治保障，推动了数据汇聚、治理、共享、利用及安全保护等各个环节的规范化进程。此外，随着国家数据局的成立，我国数据资源管理机制体制迎来了创新性的变革，全国各地纷纷设立数据管理服务机构，进一步强化了数据治理的组织保障。值得一提的是，广东、天津、江苏等沿海地区更是走在前列，率先探索建立了“首席数据官”制度，这一创新举措不仅彰显了地方政府对数据治理工作的高度重视，也为全国范围内数据管理机制的创新提供了宝贵经验。总之，数据资源的充裕与高效利用，已成为数字中国建设不可或缺的要素，引领着我国社会治理迈向更加智慧、高效、个性化的未来。

二、改变你我生活

在新一代信息技术的浪潮下，工作与生活的面貌正经历着前所未有的变革。这一转型不仅深刻影响了我们的职业路径、工作模式，还悄然重塑了我们的生活方式、社交互动乃至思维方式。技术的发展催生出数字社会，作为新一代信息技术发展的产物，以其独有的方式将世界紧密相连，使得信息的获取、传播与处理变得前所未有的便捷与高效，深刻影响着我们的工作生活方式。

技术发展正在改变工作方式。云计算、互联网、5G、协作软件等技术与工具的发展，使得地理位置不再是工作的限制因素。通过远程会议系统，我们可以方便地组建工作群组，开展工作讨论，轻松实现办公由“线下”转向“线上”。我们可以在家中、咖啡馆甚至旅途中完成工作任务，这不仅提高了工作的灵活性，也为我们节省了大量通勤时间，有助于平衡工作与生活。在数字时代，技术的发展催生了许多新兴职业，如数据分析师、人工智能工程师、数字营销专家等，这些岗位对技术技能和创新思维有着更高要求。同时，传统行业也在进行数字化转型，如零售业通过电商平台拓展市场，制造业利用物联网技术优化生产流程，这些都促使员工不断学习新技能，以适应快速变化的工作环境。

技术发展对生活方式的影响同样深远。社交媒体、在线购物、在线教育、虚拟旅游等，这些数字化服务极大地丰富了我们的生活选择，提供了前所未有的便利。在技术的赋能下，人与人之间的连接方式发生了根本性变化，社交媒体平台让我们即使身处世界不同角落也能轻松交流，分享生活的点滴，增强了人际关系的广度和深度。数字支付系统的普及极大地改变了我们的消费习惯，无现金交易成为主流，不仅提高了交易效率，还促进了金融服务的普及。我们可以随时随地获取信息、学习知识、享受娱乐，生活变得更加多彩多姿。此外，技术还催生了新的社交现象，如网络社群、粉丝文化、直播带货等，这些新兴形式不仅改变了人们的社交习惯，也为个体提供了展示自我、实现价值的舞台。

技术发展提升了生活质量。智能家居走进了日常生活，通过技术系统将家中的各种设备如智能灯泡、智能插座、智能空调、智能冰箱等连接起来，实现远程控制、自动化操作和智能联动。在生活中，我们可以智能音箱作为智能家居的控制中心，通过语音识别技术，用户可以轻松实现语音控制家电、查询天气、播放音乐、设置闹钟等操作，通过手机 App 设定回家模式，当接近家门时，灯光自动亮起，空调调节到适宜的温度，窗帘缓缓拉开，营造出一个温馨舒适的家居环境。这种智能化操作不仅极大地简化了用户的操作步骤，提高了生活效率，同时也为老年人或行动不便者提供了更为便捷的交互方式，提升了生活的便捷性，增强了居住的安全性和舒适度。

时至今日，新一代信息技术的发展正在深刻改变着我们的生活方式。技术的赋能，让我们的生活变得更加便捷、安全、丰富和健康，随着技术的不断进步和创新应用的不断涌现，数字化转型还将持续深入发展，为我们带来更多惊喜和便利。

三、政府治理的新场景

随着数字中国的发展，首先需要面对变革的是政府。新一代信息技术的发展，推动政府行政生态环境变革。依托新一代信息技术，政府在治理上进行了一系列的改革，无论是宏观的政策环境、技术环境，还是政府内部微观管理环境，都对改革提出了新的要求。党的二十大报告明确提出了“加强数字中国建设”的发展目标。各级党委和政府围绕“加强数字中国建设”，致力于数字政府治理技术的研发与治理体系的优化，不断探索与实践创新。数字政府建设是政府治理改革的标志之一。

数字中国带来政府治理的改革。随着新一代信息技术的飞速发展和全球数字化进程的加速，数字中国建设已成为推动国家经济社会发展的重要战略。数字中国建设是以数字化、网络化、智能化为特征的信息化发展战略，旨在通过数字技术的创新和应用，推动经济社会各领域的深刻变革。数字政府作为数字中国的重要组成部分，其建设与发展对于提升政府治理能力、优化公共服务、促进社会公平正义具有重要意义。在政府治理实践中，数据驱动决策成为政府治理的新模式。政府通过大数据、云计算等技术的应用，可以更准确地掌握社会经济发展的动态，及时制定和调整政策，实现对政府管理、公共服务等领域数据的全面采集、分析和应用，有助于提升决策的科学性和精准性。智能技术的应用增强了智能化服务。智能技术的引入，使得政府能够以智能客服、在线办事大厅等方式，向群众提供更加智能化、个性化的公共服务，有利于提高政府服务的效率和质量，增强群众的满意度和获得感。技术的应用还促进了政府治理的透明化，通过政务公开、数据共享等方式，政府工作更加透明，公众监督更加有效，有助于提升政府的公信力和执行力，减少腐败和权力寻租空间。可见，数字中国建设对于提升政府治理能力、优化公共服务、促进社会公平正义具有重要意义，为政府治理带来广阔发展前景的同时，也将引发深刻的变革。

数字中国带来治理对象的变化。传统政府治理的治理对象是自然人，而数字技术加持下政府的治理需要更多地关注数据。在传统治理模式下，政策制定、执行和监督都围绕着人的需求和行为展开。在这种模式下，政府需要深入了解民众的生活状况、需求偏好、行为模式等，以便提供精准有效的公共服务。人的因素在政府治理中占据核心地位，政府的所有行动都以人为出发点和归宿。在数字治理中，政府关注的对象发生了显著变化，由对治理对象的关注变迁至对数据的关注。数据作为新时代的重要资源，不仅是经济社会发展的重要生产要素，更是数字中国的核心要素，已经成为政府治理不可或缺的一部分。数字中国的建设，将数据治理引入政府治理领域。在治理过程中，需要更多地关注数据。在这一过程中，政府需要收集、分析、利用大量的数据，以数据为驱动，通过大数据分析，政府可以掌握民众在医疗、教育、就业等方面的需求和痛点，从而有针对性地优化公共服务供给，通过实时监测和分析社会经济数据，政府可以及时发现经济运行中的问题和风险，为宏观决策提供科学依据。数据的关注并不意味着对人的忽视，相反，它是对人的更深层次、更全面的关注。在新的治理方式下，政府不仅仅关注人本身，更关注与人相关的各种数据，这些数据是政府进行决策、提供服务、实施监管的重要依据。可见，随着数字中国建设的推进，政府治理对象从传统的“人”扩展到了“数据”，这既是对传统政府治理的继承和发展，也是对新时代政府治理的创新和变革。

平台治理是数字中国的重要特征。在数字时代，数字治理平台对于促进政府治理效能的提升具有深远的意义，已成为提升国家治理能力和推进中国式现代化建设的关键路径。治理平台的应用，不仅优化了政府内部的运作机制，还极大地增强了政府与公众之间的互动，推动了政府服务的高效化与智能化。一方面，平台促进数据的高效流通与共享。传统政府治理模式往往面临信息孤岛、数据壁垒等问题，导致决策过程冗长、执行效率低下。在政府外部，平台可以整合社会资源，促进政府与企业、非营利组织等多元主体的协同合作，鼓励公众参与社会治理，如通过众包、众创等方式，收集民意、汇聚民智，使政策制定更加贴近民生需求，共同解决社会问题，实现政府决策与公众意愿的有效对接，提升社会治理的整体效能；在政府内部，平台通过集成化的信息系统，实现了政府内部数据的高效流通与共享，打破了部门间的信息界限，使得政策制定者能够基于全面、准确的数据进行分析与决策，从而提高了决策的科学性和时效性。另一方面，平台促进政府服务的透明化与便捷化。通过在线平台，政府可以实时发布政策法规、公共服务信息，提供在线办理、咨询投诉等功能，让我们足不出户即可享受政务服务，确保我们能够方便快捷地获取所需信息，极大地提升了服务体验，增强了政府工作的透明度。这种“互联网 + 政务服务”的模式，不仅简化了办事流程，也拉近了政府与群众的距离，增强了政府的公信力和亲和力。此外，平台在应对突发事件和危机管理中发挥着不可替代的作用。面对自然灾害、公共卫生事件等紧急情况，通过数据分析与模拟预测，平台能够迅速整合各方资源，实现信息的快速传递与共享，辅助政府制定更加精准的应对措施，有效减轻灾害影响，为应急响应提供有力支持。可见，平台治理的应用，不仅优化了政府内部的运作机制，提高了决策与执行的效率，还促进了政府服务的透明化、便捷化，增强了政府与其他主体之间的互动与合作，对于提升政府治理效能具有重要意义。

四、数字中国与中国式现代化

党的二十大报告首次系统阐述了“中国式现代化”，并指出中国式现代化是人口规模巨大的现代化、是全体人民共同富裕的现代化、是物质文明和精神文明相协调的现代化、是人与自然和谐共生的现代化、是走和平发展道路的现代化。中国式现代化，是中国共产党领导的社会主义现代化，既有各国现代化的共同特征，更有基于自己国情的中国特色。中国式现代化需要我们把握新的发展机遇，促使新生产方式的产生，构建新发展格局、推动高质量发展，坚持把发展经济的着力点放在实体经济上，推进新型工业化，加快建设制造强国、质量强国、航天强国、交通强国、网络强国、数字中国。

1. 中国式现代化的基础

在以大数据、人工智能、区域链等为代表的新一代信息技术迅猛发展的今天，数字经济成为驱动经济发展的引擎。从生产方式看，数字经济是由新一代信息技术驱动的，继农业经济与工业经济后的新的生产方式。在国家战略部署与推进下，我国数字经济快速发展，赋予了中国式现代化更多、更宽泛的数字经济内涵。一方面，与农业经济与工业经济相比较，数字经济的生产方式基于二者的基础之上，其生产力与生产方式有了质的变化。在数字时代，设备与技术不断优化发展，集成电路出现并日益先进、功能更为强大，代表数字技术发展的计算机运算速度、存储介质性能、数据总量以及光纤通信水平与网络宽带的速率和带宽都得到了大幅提升。另一方面，技术由电子技术迈向数字技术发展，新一代信息技术极大地促进了数字技术在经济活动中的推广与应用，为数字经济的发展提供坚实的支撑和保障。技术的发展提高了社会生产力，驱动生产方式的革新。在数字中国的发展驱动下，数字技术的应用推动传统产业进行数字化转型，形成了以数字技术为核心的数字产业化，带来产业数字化，丰富了中国式现代化的内涵，昭示中国式现代化建立在数字中国乃至数字强国的基础之上。

经济基础决定上层建筑。作为一种新的生产方式，数字中国的发展势必影响数字经济的发展，形成新的生产、交换、流通、分配和消费的经济运行全过程。基于此，我们可以从数字经济发展的这些环节这一视角来理解数字中国在中国式现代化进程中的基础作用。

其一，在生产环节，数字经济有助于实现生产过程的现代化。从技术发展的路径来看，技术从出现开始，其发展是迭代进步的一个过程。在早期，人类通过技术的应用制造工具，简单地替代人的体力劳动；时至今日，

“技术”不仅是依靠基础性的机械劳动来解决人在长时间或疲劳工作中可能造成产品质量不稳定的问题的传统概念，而是通过人工智能、深度学习等数字技术和现代信息通信技术，在数字化的信息、知识和智能的有机结合下，充分发挥数字要素的作用，延伸、部分替代甚至完全替代人在生产环节的工作。例如前面章节我们讨论过的由 OpenAI 发布的 ChatGPT，其横空出世的意义在于补充和替代人的脑力劳动，为提升美好生活提供可能。在技术的驱动下将带来如下的变化：以人工智能、深度学习为代表的新一代信息技术逐渐渗透到传统产业中，技术驱动传统产业的转型和升级；数字产业开始出现并逐渐成熟，数字经济日趋成为现代经济发展的重要支柱，产业结构产生了新的变化；数字产业推动新产业或新部门的产生，如大数据产业、现代通信业、现代信息服务业，大数据局、数据交易中心等。技术的不断升级进一步提升了传统机械制造、精密仪器制造等领域的自动化程度，极大地替代了人类的体力劳动，如自动装卸、无人工厂等，在促使传统产业数字化转型的同时提升了生产效率。此外，技术和数字要素在生产环节中还可以降低能源消耗，实现社会生产的高质量发展。例如数字技术在农业生产中的应用，可以通过控制农业生产环节来降低能源消耗，通过提高农业产业的生产率来提高对自然资源的使用效率，从而实现农产品质量、品质的提升。这种优势也为绿色发展和可持续发展提供了新的路径，提高了农业资源使用效率，实现生产过程的人与自然和谐共生。可见，在生产环节中，数字经济是保障生产过程蕴含中国式现代化的重要途径。

其二，在交换环节，数字经济时代有效弥合交换双方之间的信息差，使交换过程更加便捷，信息来源更加广泛。在数字经济时代，交易双方信息获得更加容易，交易双方可选择交换的机会更加普遍。一方面，在交易平台的加持下，交易双方可以借助多方信息平台获得交易信息，也可以充分了解交易的质量和效率；另一方面，交易双方既可以更加全面地分析交易对象的信誉和能力，选定适合自身需要的交易方进行合作，也能够更加细致地了解交易对象的具体需求，实现个性化定制生产和服务。在数字平台逐渐完备的前提下，信息的不对称性将大幅缩减。这意味着，全社会资源优化配置的可行性将进一步得到提升，这将有利于消除交易对象部门间壁垒、交易对象之间壁垒以及地域壁垒等因素造成的资源浪费和交易效率的影响。此外，数字经济时代中的交换过程离不开数字安全的保障，交换环节没有数字安全之根基，就无从保护交换之树木，更无法撑起交换过程之森林。如今，无论是在交易平台中的企业与个人能够实现的快速交易，还是信贷机构可以在极短的时间内完成放贷决策，又或者是政务服务平台完成的政务服务，这些都离不开数字识别、追踪、验证技术，如大数据技术档案、人脸识别、图像识别、信息可靠性验证等。数字中国的发展，将弥合数字鸿沟、消除信息不对性，提供信息安全保障，可有效为数字经济时代的交换环节保驾护航。

其三，在流通环节，数字经济时代实现了产品或服务有效流通。在产品流通方面，基于数字技术的应用可以大幅提升流通效率。例如在线交易平台的交易，交易双方可以在线获取订单和物流的信息，随时查看与了解物流动态，物流服务的供应方可以根据这些信息有效地调度运输车辆，通过智能港口或仓库使货物的装卸、集散、存储等环节更加智能化和自动化。在服务的流通方面，基于数字技术的服务应用可以打破原有的流通逻辑和模式，使服务可以逐渐摆脱地理空间的限制，在服务提供者和接受者之间高效快速地流通。例如，我们在使用网约车时，网约车平台基于大数据、位置信息等的高效掌控和调度所有平台在线车辆任务的同时，为网约车司机提供包括加油、休息、就近安排任务等服务，为乘客制订完整、全面、详细的搭乘计划。与此同时，数字技术融入流通环节的改变也会影响人在这一环节的位置和作用。例如原来基于人工录入的信息，在感知识别技术的应用下，数据采集不再由人工操作，而是向效能更高的智能化转向。基于此，在数字经济时代的背景下，数字技术在社会经济的发展过程中，开始了由技术应用替代人类劳动，且这种替代与工业时代有显著差异。在人类的体力劳动上，由机械化操作替代人类的体力劳动，这与工业时代无异；但智能技术实现产品流通过程信息获取、任务分配、过程监控与管理，开始替代人类的脑力劳动，这在工业时代是难以想象的事情。无论是有形的商品还是无形的服务，在技术的加持下精确运输和准时送达成为可能，这也是数字经济时代的特色。

其四，在分配环节，数字经济时代使得收入分配公平成为可能。如何合理地计量劳动者的价值量是工业时代的一个难题，无论是以计时方式还是传统计量方式来计量劳动者的价值量。按照 X 理论，劳动者只要可能就会逃避工作。一个简单的例子，以计时方式时，劳动者可能通过降低工作效率以减少劳动量；以计量方式时，劳动者则可能通过降低产品质量以减少劳动量。在数字经济时代，数字技术应用于劳动者的价值量计量，劳动者的价值量可以被精确计量，这为公平的按劳分配提供了可能。数字技术与数字要素置于分配环节，减弱或消除劳动者与劳动价值享有者之间的信息不对称，使得劳动者的价值量能够被精准度量。劳动者的劳动方式更加灵活，劳动者的劳动不再受制于某单一劳动对象或劳动平台，如外卖员有可能又是网约车司机、代驾等，劳动者的能力和潜力得到充分发挥，这有助于通过公平分配减少社会贫富差别。共同富裕是中国特色社会主义的本质要求，也是一个长期的历史过程。数字中国促进数字经济的发展，在数字中国发展促进下，数字技术的应用使生产力进一步数字化，使数字产业生产效率不断提高，让全体社会成员的收入伴随社会经济的发展而提高。在此基础上，维护和促进社会公平正义，着力促进共同富裕，特别是全体人民的共同富裕在数字经济发展进程中未来可期。

其五，在消费环节，数字经济赋能消费扩容提质。较传统消费，数字经济视角下的消费数量、品类、对象等方面发生改变，数字经济向消费领域的渗透步伐不断加快。在消费数量上，生产效率的提高使得消费数量快速增长，我国已成为全球数字消费规模最大的国家。在消费品类上，无论是我们最熟悉的衣食住行玩领域，还是像元宇宙这种正在步入我们视野的新领域，因新一代信息技术和新要素的加入催生各种数字化生活服务，消费品类不断扩展。在消费对象方面，数字消费正以前所未有的方式深刻地改变着我们的消费习惯，并以创新的形式出现在市场中，为消费者带来了前所未有的体验。这种趋势不仅为提振消费、扩大内需提供了强有力的支持，还为经济的发展打开了全新的想象空间，预示着未来消费市场的无限可能。在数字经济时代，线上经济和线下经济有机结合，消费模式不断创新。在数字经济的浪潮下，生产者通过数字平台获取信息，如同拥有了一双洞察市场的“慧眼”，能够及时且准确地把握消费者对各类产品或服务的需求。在电商平台，通过大数据分析，我们能够实时追踪消费者对各类产品或服务的需求变化，包括但不限于产品类别、质量以及个性化等方面的具体要求。这使得生产者通过推出定制化商品、提升售后服务质量等方式，迅速调整和优化自身的产品与服务，以更好地满足消费者的多元化需求。此语境下，市场趋于更加完善，生产者之间、消费者之间的竞争愈发充分，消费者可以享受到更加智能化、个性化的产品与服务。这不仅提高了市场效率，还为消费者带来了更多元化的选择和更高品质的体验。可见，数字经济赋能消费，不断夯实人民幸福生活的物质条件，厚植现代化的物质基础，促进了物质文明和精神文明协调发展。

通过对生产、交换、流通、分配和消费的经济运行全过程的分析，不难看出中国式现代化的内涵因数字经济的发展而不断丰富。数字经济的驱动使得经济运行全过程发生深刻变革。据中国互联网络信息中心（CNNIC）2024 年发布的《互联网助力数字消费发展蓝皮书》，十年来，我国数字经济规模从 16. 2 万亿元增长至 2023 年的 56. 1 万亿元，占 GDP 比重由 25. 1% 提升至 44% 。可见，我国数字经济规模逐年攀升，已成为推动经济稳定增长和促进转型的重要引擎。这表明数字经济已日益成为我国 GDP 的重要组成部分，是中国式现代化建设中经济增长的关键力量。

2. 中国式现代化视域的数字中国建设

如上一节所述，经济基础决定上层建筑，数字经济领航的时代，中国式现代化具有了更多数字经济背景下的内涵。中国式现代化需要我们构建新发展格局、推动高质量发展。这要求我们把握数字中国新机遇，加大数字中国建设的投入，推动产业转型升级，引导引领数字经济发展，提升全民数字素养与技能，建立适于经济社会发展需要的法律制度和政策环境。

中国式现代化视域的数字中国发展，离不开对数字中国建设的投入。数字中国与中国式现代化相辅相成，数字中国是中国式现代化实现的保障与基础。基础牢不牢固，决定了中国式现代化发展稳不稳固。作为社会主义国家，我们的制度优势显著，有着集中力量、集中资源办大事的优势。数字中国建设，要充分发挥这一优势，加大对数字中国发展的基础设施建设投入，为数字经济的创新发展、应用发展以及新兴产业的建立和规模经济的实现创造条件。近年来，我国通过一系列的举措，统筹数字中国发展。如启动东数西算工程，通过构建数据中心、云计算、大数据一体化的新型算力网络体系，将东部算力需求有序引导到西部；优化数据中心建设布局，通过数据中心的建设促进东西部协同联动，实现数字中国协调发展；建设具有世界先进水平的算力、算法开发等基础设施，量子计算机实现算力全球领先，“天河一号”超级计算机问鼎全球，工作1小时，需要全球70亿人工作500多年。这些举措为我国数字政府的发展与应用提供支撑，使我国逐渐具备加工、整理、筛选、储存复杂数据的能力，更能通过数据分析以促进数据价值发挥，实现数据应用从而充分发挥数字要素的作用。可见，以新发展为理念，以技术创新为驱动，以信息网络为基础，发展新型基础设施建设，加大对5G基站建设、特高压、城际高速铁路和城市轨道交通、新能源汽车充电桩、大数据中心、人工智能、工业互联网等领域的投入，是面向高质量发展的需要。数字中国建设的投入，可促进数字转型、智能升级、融合创新，使数字技术应用于国民经济发展的各个领域，实现数字政府建设，进而助力中国式现代化的建设。

中国式现代化视域的数字中国发展，需要推动产业转型升级。随着数字中国的发展，传统产业加速数字化转型，数字化效率提升，产业规模进一步扩大，推动数字经济整体规模持续增长是实现我国产业转型升级的核心内容。随着数字产业化和产业数字化的不断发展，数字技术推动产业转型已成为当前产业发展的必由之路。在推动产业转型升级过程中，依靠技术的应用，推动产业数字化发展，实现降本增效并提高创新能力。以数据要素和数字技术降低市场交易成本，促进产业分工，优化要素资源配置，提高经济发展效率。进一步提高创新的专业化程度，通过数字技术加快技术迭代，更好地实现产业转型创新，形成新的知识、理论和技术，提高全社会技术水平。发挥数字经济独有优势，促进数字经济和实体经济深度融合。数字经济具有高创新性、强渗透性、广覆盖性等特点，加快发展数字经济，根据我国发展需要和可能，促进数字经济和实体经济深度融合。同时，以加快新型基础设施建设，加强战略布局，加快建设高速泛在、天地一体、云网融合、智能敏捷、绿色低碳、安全可控的智能化综合性数字信息基础设施，打通经济社会发展的信息“大动脉”。把握数字化、网络化、智能化方向，推动制造业、服务业、农业等产业数字化，利用互联网新技术对传统产业进行全方位、全链条改造，提高全要素生产率，发挥数字技术对经济发展的放大、叠加、倍增作用，打造具有国际竞争力的数字产业集群，实现对产业转型升级的推动。

中国式现代化视域的数字中国发展，需要引导、引领数字经济发展。加快发展数字经济，促进数字经济和实体经济深度融合，打造具有国际竞争力的数字产业集群是数字中国发展背景下经济发展的航向。近年来，数字经济发展速度之快、辐射范围之广、影响程度之深前所未有，正在成为重组全球要素资源、重塑全球经济结构、改变全球竞争格局的关键力量。在国家的引导引领下，我国数字经济发展取得显著成效，数字经济规模已经连续多年位居世界第二。数字经济发展赋能传统产业转型升级，催生了新产业新业态新模式，开辟了经济社会发展新领域新赛道。引导引领数字经济发展，要促进数字经济和实体经济深度融合，推进产业领域数字化转型。要发挥新型举国体制优势和超大规模市场优势，提高数字技术基础研发能力，瞄准传感器、量子信息、集成电路、关键软件等战略性前瞻性领域，打好关键核心技术攻坚战。要加快5G、人工智能、数字孪生等新兴融合型技术推广应用，推动智能制造单位、智能产线、智能车间建设，构建智能制造生态。要推动行业企业、平台企业、数字服务企业跨界创新，打造多元化参与、网络化布局、市场化运作的创新生态，提高关键核心技术自主供给能力，努力实现高水平自立自强。要鼓励和支持行业龙头企业立足自身优势，培育中小企业发展，开放数字化资源和能力，带动供应链上下游的中小企业融入数字化应用场景和产业生态，提升产业链、供应链整体效率和竞争力。要建设一批跨行业领域的综合性平台、面向重点行业和区域的特色性平台，以及面向特定技术和场景的专业性平台，打造基于平台的制造业新生态。

中国式现代化视域的数字中国发展，需要提升全民数字素养与技能。当前，全球经济数字化转型不断加速，以数字技术为代表的新一代信息技术深刻改变着人类的思维、生活、生产、学习方式，推动世界政治格局、经济格局、科技格局、文化格局、安全格局深度变革。此语境下，全民数字素养与技能水平就成为国际竞争力和软实力的关键指标。数字素养与技能是数字时代公民学习工作生活应具备的一系列素质与能力的集合，涵盖数字获取、制作、使用、评价、交互、分享、创新、安全保障、伦理道德等方面。当前，世界各国把提升全民数字素养与技能作为国家的重要战略，相继出台全民数字素养与技能提升战略规划，开展理论与技能培训，以此提升全民数字素养与技能。在这一时代背景下，提升全民数字素养与技能，是顺应数字时代要求、提升国民素质、促进人的全面发展的战略任务，是实现从网络大国迈向网络强国的必由之路，也是弥合数字鸿沟、促进共同富裕的关键举措。置于数字中国发展的实践，应当看到，当前存在顶层设计缺失、数字鸿沟较大、资源供给不足、培养体系尚未形成、数字道德规范意识有待增强等问题，制约了全民数字素养与技能水平提升。在数字中国发展进程中，亟须加大工作力度，完善政策措施，把提升全民数字素养与技能作为建设网络强国、数字中国的一项基础性、战略性、先导性工作，切实加强顶层设计、统筹协调和系统推进。在实践中，要注重构建知识更新、创新驱动的数字素养与技能培育体系，注重建设普惠共享、公平可及的数字基础设施体系，注重培养具有数字意识、计算思维、终身学习能力和社会责任感的数字公民，促进全民共建共享数字化发展成果，整体提升全民数字素养与技能水平，推动经济高质量发展、社会高效能治理、人民高品质生活、对外高水平开放，为数字中国建设注入强大动力。

中国式现代化视域的数字中国发展，需要建立适于经济社会发展需要的法律制度、政策环境。法治国家、法治政府、法治社会是我国发展的总体目标，数字中国建设离不开法治的保障，需要进行一系列法律、法规和政策机制建设。生产力决定生产关系，数字时代，生产关系与工业时代相较发生巨大变化，生产关系的变化决定法律规则的变化。在数字时代，数据以及数字化的生产要素参与到生产、分配、交换和消费过程中，技术催生生产力的变化，使生产关系发生了新的变化，法律规则也应当适应这种变化而调整。显然，适宜于工业时代的法律体系在数字时代有了局限，难以协调新的生产力与生产关系，不能保障数据生产要素价值释放，调节数字时代崛起带来的新问题时乏力。数字中国的发展，技术的引领产生了新的主体、新的客体、新的权利义务关系，亟须法律予以调整。在主体方面，出现了智能机器人、超级平台、数据交易中介和数字劳动者，是否承认其法律主体资格，如何对其进行定性，是法律亟须解决的问题。从客体来看，数字中国强调“数”的重要作用，数据本身成为新的客体，是“新资源”、“新资产”和“新资本”。数据要素的广泛普及催生新基建、智能服务和产品等新客体。数据作为生产要素对经济活动和社会关系产生的影响促使形成新的权利义务，形成新型权利，突破了既有法律体系下的权利义务范畴所能界定与证明的范围。此外，从法律的调整方式来看，从“裁断行为后果”转向“塑造行为逻辑”，赋权与救济模式转向责任与义务的加载与规制模式，也就是转向事前对行为的规训与塑造，以及事前对不法与违法行为的阻却。立足数字时代，在数字中国发展浪潮下，技术与法律相融合，技术嵌入法律，事先运用技术手段将相关法律规则纳入业务和服务的运行当中，使其按照既定规则运行，使行为人从“不敢违法”向“不能违法”转变，这需要我们思考数字时代的法律体系与规则以及如何营造适于数字中国的政策环境。

第三章 数字素养与技能

在大数据、人工智能、区块链等技术为代表的新一代信息技术高速发展的背景下，人类社会步入了数字时代。新一代信息技术的迅速发展改变了社会结构和社会整体运作方式，也影响了国家治理的手段和方式。为了更好地适应数字时代的治理环境与形势，国家大力推动数字乡村、智慧城市、数字政府、数字中国等信息化建设。从办公自动化到电子政府，再到数字政府，我国一直重视将新一代信息技术应用到社会治理之中。国家“十四五”规划明确提出要加快数字化发展，推进建立数字经济、数字社会、数字政府，以数字化转型推动生产、生活和治理方式的改变。信息化建设提升了国家治理体系和治理能力现代化水平，推动了政府职能的转变，为服务和治理对象提供更加便捷的公共服务。国家的一系列举措将赋能中国式现代化，有利于推进基本公共服务实现均等化，促进人口规模巨大的现代化建设；有利于促进数字经济和实体经济深度融合，促进全体人民共同富裕的实现；有利于提高全社会文明程度，促进物质文明和精神文明相协调；有利于推进生态文明建设，促进人与自然和谐共生；有利于统筹发展和安全等，为走和平发展道路提供保障。

作为政府组织的微观构成，公务人员在国家治理中承担重要角色，在中国式现代化进程中肩负着重要责任，是政府部门与服务对象之间的桥梁。公务人员的数字素养水平在一定程度上反映了国家治理能力，影响国家数字化转型，其是否具备数字素养以及数字素养水平如何就显得格外重要。

第一节　数字素养与技能的概念

在数字时代，数字素养与技能已成为我们学习工作生活中不可或缺的能力。虽然学界已意识到数字素养与技能的重要性，也有不少学者将研究的目光聚焦于此，但目前还没有统一的定义。虽然在学界对数字素养与技能的概念界定尚未形成统一意见，但是，国际组织与国内有关部门出台的政策性文件中，对此概念有做界定。联合国教科文组织认为数字素养是面向就业、获得体面工作及创业，使用数字技术安全且合理地访问、管理、理解、整合、呈现、评估和创建信息的能力。欧盟将“数字素养”定义为：在工作、就业、学习、休闲以及社会参与中，有把握地、批判性和创新性使用信息技术的能力。中央网络安全和信息化委员会印发的《提升全民数字素养与技能行动纲要》对数字素养与技能这一概念的界定为：数字素养与技能是数字社会公民学习工作生活应具备的数字获取、制作、使用、评价、交互、分享、创新、安全保障、伦理道德等一系列素质与能力的集合。从这些界定，我们不难理解，数字素养与技能是我们在当前工作、学习、生活中使用数字设备与技术的意识、态度和能力，是运用数字技术对数字资源进行理解、分析、评估、管理以及创新的能力，是在数字时代不可缺少的一种综合能力。

阿尔卡莱教授于 1994 年最早创立“数字素养”概念。实际上，数字素养与技能的概念并不是永恒不变的，而是随着技术的发展不断丰富的。在已有的文献中，对数字素养与技能一般归总于数字素养进行讨论。已有对数字素养概念的讨论分广义和狭义两类。狭义数字素养主要关注实际的数字操作和应用任务，将数字素养界定在各种操作技能和应用能力等外显要素上；而广义数字素养不仅关注操作与实践中的数字技能和能力，还考虑到了个体心理层面诸如数字化的思维意识、情感态度等潜在数字素质对于数字能力的作用。随着智能型、密集型数字技术对复杂场景和个体思维的数字化塑造，狭义数字素养概念的缺点显而易见，其没有考虑个体认知、思维、情感等心理素质对数字素养的重要影响。面对复杂的数字世界，依靠单纯的数字技能无法支撑对整个数字世界的整体认识和问题解决。对于数字政府场景中的公务人员亦如此，为胜任复杂、多样、动态的数字活动，公务人员数字素养的需求是多面向而非单一的，因此，在我们的讨论中，将数字素养从广义的内涵进行理解。在后续的章节中，我们将进一步讨论公务人员数字素养。

第二节　现有数字素养与技能的框架

国际上，现有数字素养框架中影响力最大的是联合国教科文组织和欧盟的数字素养框架。在国内，关于数字素养的框架结构遵循的标准是《提升全民数字素养与技能行动纲要》，但是在这个行动纲要中并没有像联合国教科文组织和欧盟的数字素养框架那样明确其中的具体要素。《国家公务员通用能力标准框架》对公务员的数字素养也有提及，同样也没有给出具体的信息，这为当前的研究提供了一个方向。本节着重介绍联合国教科文组织和欧盟的数字素养框架。

一、欧盟数字素养框架

随着技术与经济社会的发展，欧盟共发布了4版数字素养框架。欧盟在2013年发布了第1.0版《欧盟公民数字素养框架》，2016年发布了2.0版、2017年发布了2.1版、2022年发布了2.2版《欧盟公民数字素养框架》。2.2版《欧盟公民数字素养框架》融汇了1.0版至今欧盟有关数字素养及终身学习核心素养框架构建的诸多创新，是当今世界数字素养框架的典范。提升全民数字素养是欧盟发展战略的一项优先目标，核心是通过提升数字素养促进社会经济的整体性数字变革，从而建设一个更具可持续性竞争力的欧洲。自第1.0版《欧盟公民数字素养框架》发布以来，欧盟为终身学习核心素养构建了丰富的核心素养理念和素养框架体系，主要包括数字素养、语言素养、文化素养、创业素养、生命素养、绿色素养等。欧盟数字素养框架体系涵盖教育和培训领域、劳动与就业领域以及其他各类经济、社会、文化、安全等多元领域，并且该框架在教育与培训、就业、创业、消费、终身学习等多元领域获得广泛应用。

欧盟发布的《欧盟公民数字素养框架》2.2 版将数字素养分为信息和数据、沟通和合作、数字内容创作、安全、问题解决五个维度。如表 3－1 所示，《欧盟公民数字素养框架》2.2 版将五个评价维度进一步将分解成 21 项评价要素。与 1.0 版《欧盟公民数字素养框架》相比，2.0 版《欧盟公民数字素养框架》保持了 1.0 版的 5 个维度和 21 项要素的框架结构。以 1.0 版为基础，2.0 版《欧盟公民数字素养框架》更新了 5 个维度中前三个维度的表述方式，将 1.0 版原来的“信息”拓展为“信息与数据”、“沟通”拓展为“沟通和合作”、“内容制作”细化为“数字内容制作”。信息和数据、沟通和合作、数字内容创作代表数字素养相关的具体活动和用途，三个维度名称的更新显示了相关活动与用途日益丰富。安全、问题解决两项的名称在 1.0 版与 2.0 版框架中保持稳定，安全与问题解决两个维度均为通识性、可转移性素养，涵盖各类数字化活动。值得注意的是，在《欧盟公民数字素养框架》的五个维度，问题解决是五个维度及各类素养不可或缺的核心，在数字素养框架中单列这一维度旨在突显以技术和数字化模式解决现实问题的战略性发展需求。

表 3－1　2.2 版《欧盟公民数字素养框架》评价维度与要素

评价维度	评价要素
1. 信息和数据	1.1 浏览搜索和过滤数据、信息和数字化内容 1.2 评价数据、信息和数字化内容 1.3 管理数据、信息和数字化内容
2. 沟通和合作	2.1 使用数字技术进行互动 2.2 使用数字技术分享信息和内容 2.3 使用数字技术实现公民责任和权力 2.4 使用数字技术开展合作 2.5 数字礼仪 2.6 管理数字身份

（续表）

评价维度	评价要素
3. 数字内容创作	3.1 发数字内容 3.2 整合与重制数字内容 3.3 版权和执照 3.4 编程
4. 安全	4.1 爱护设备 4.2 保护个人信息和隐私 4.3 保护身心健康 4.4 保护环境
5. 问题解决	5.1 解决技术问题 5.2 识别需求和技术响应 5.3 创造性地使用数字技术 5.4 识别有待发展的技术素养

欧盟发布的《欧盟公民数字素养框架》是目前最受认可的数字素养框架，对于推动政府基于社会各界的广泛参与以实现数字时代的协同共治，激发社会对数字素养概念形成灵活开放的创新性理解，引导社会紧密联结数字技能与就业、教育与工作，从而实现数字化变革与学以致用、知行合一、人尽其才、相辅相成的可持续发展等方面具有重要意义。正是因为如此，全球的学者、机构在制定数字素养框架时都将《欧盟公民数字素养框架》视为重要参考，这个框架同时也是我们在构建公务人员数字素养框架的重要参考。

二、联合国数字素养全球框架

为设计出广泛性和普适性的数字素养框架，并据此指导各国开展数字素养的培育和评价工作，为实现联合国可持续发展目标提供方法论基础，联合国教科文组织以《欧洲公民数字素养框架》2.0 版作为初始参考框架，首先，对现有的区域层面的、国家层面的和国家以下层面的框架进行综合分析；其次，分析框架所展示的运用在主要社会经济领域中的信息通信技术方面的数字素养能力；再次，就全球框架的适用性和使用情况深度咨询专家的观点；最后，还就拟定的框架通过在线咨询的方式了解专家的反馈意见。通过上述四个实证研究的成果和发现，形成了包括 7 个素养领域和 26 个具体指标的《数字素养全球框架》。《数字素养全球框架》详细内容如表 3－2 所示。

《数字素养全球框架》将数字素养分为设备与软件操作、信息与数据素养、沟通与协作、创造数字内容、数字安全、问题解决、职业相关的素养七个评价维度。在七个评价维度的基础上，联合国教科文组织进一步解构成 26 项评价要素。对每个评价维度或具体评价要素，《数字素养全球框架》给出了与之相对应的描述。如设备与软件操作维度，相对应的描述为：通过确认和使用硬件工具与技术；确认操作软件工具与技术所需的数据、信息和数字内容。又如，职业相关能力评价维度，相对应的描述为：使用专业的数字技术，理解、分析和评价特定专业领域的数据、信息与数字内容。《数字素养全球框架》给出的与之相对应的描述便于学习者进行自我评价，从而提升个体对提升素养的自我意识与自我指导，同时也便于个体给他人指导和评价。

表 3－2　2.2 版《数字素养全球框架》评价维度与要素

评价维度	评价要素
1. 设备与软件操作	1.1 数字设备的物理操作 1.2 数字设备的软件操作
2. 信息与数据素养	2.1 浏览、搜索和过滤数据、信息和数字内容 2.2 评价数据、信息和数字内容 2.3 管理数据、信息和数字内容
3. 沟通与协作	3.1 通过数据技术互动 3.2 通过数据技术分享 3.3 通过数据技术以公民身份参与 3.4 通过数据技术合作 3.5 网络礼仪 3.6 管理数字身份

（续表）

评价维度	评价要素
4. 创造数字内容	4.1 开发数字内容 4.2 整合并重新阐述数字内容 4.3 版权和许可证 4.4 编程
5. 数字安全	5.1 设备保护 5.2 个人数据和隐私保护 5.3 保护健康和福利 5.4 环境保护
6. 问题解决	6.1 解决技术问题 6.2 发现需求和技术响应 6.3 创造性地使用数字技术 6.4 发现数字素养鸿沟 6.5 计算思维
7. 职业相关的素养	7.1 操作某一特定领域的专业化的数字技术 7.2 解释和利用某一特定领域的数据、信息和数字内容

事实上，联合国教科文组织发布的《数字素养全球框架》具有其他现有数字素养框架完全不同的特点，在框架结构和内容等方面均体现了数字素养的最新时代内涵。联合国教科文组织发布的《数字素养全球框架》最大的特点是在描述评价维度和具体评价要素时，没有采用其参考的《欧洲公民数字素养框架》2.0版一样按照初、中、高和专业划分评价等级，而是直接使用布卢姆目标分类动词，区分评价维度和具体评价要素之间或内部的水平层次。《数字素养全球框架》对不同的评价维度或具体评价要素，要求学习者需要达到的学习结果水平并不一定要完全相同，比如“设备与软件操作”评价维度对学习者的整体要求低于“职业相关的素养”评价维度。此外，每个评价维度或具体评价要素都包括一种或多种目标表述，这说明学习者要想掌握某种数字能力，可能需要实现的学习结果水平也不止一种。

第三节 数字素养与技能的提升

一、提升数字素养与技能的意义

当前，我国数字化转型进入深水区，数字化浪潮正席卷千行百业。放眼世界，全球经济数字化转型不断加速，数字技术驱动世界政治、经济、科技、文化、安全等格局深度变革。在技术的赋能下，数字化正深刻改变着人类的思维、生活、生产、学习方式，对全民数字素养与技能提出了新要求。从国际视角看，越来越多的国家特别是发达国家把提升国民数字素养与技能作为谋求竞争新优势的战略方向，并持续出台战略规划，开展数字技能培训，提升人力资源要素水平。聚焦国内，在国家的战略部署下，数字乡村、智慧城市、数字政府建设不断推进，建设网络强国、数字中国战略决策得以顺利推进实施。数字基础设施加快建设完善，数字经济、数字社会、数字政府发展水平不断提高，持续增强人民群众幸福感、获得感。在看到数字化转型成效的同时，我们也应该意识到当前存在的顶层设计缺失、数字鸿沟较大、资源供给不足、培养体系尚未形成、数字道德规范意识有待增强等问题。

为把握数字化转型发展机遇，提升全民数字素养与技能，这要求我们立足新时代世情国情民情，把提升全民数字素养与技能作为建设网络强国、数字中国的一项基础性、战略性、先导性工作。在工作中加大力度，完善政策措施，加强顶层设计、统筹协调和系统推进，注重构建知识更新、创新驱动的数字素养与技能培育体系。注重建设普惠共享、公平可及的数字基础设施体系，注重培养具有数字意识、计算思维、终身学习能力和社会责任感的数字公民。促进全民共建共享数字化发展成果，推动经济高质量发展、社会高效能治理、人民高品质生活、对外高水平开放，整体提升全民数字素养与技能水平。

聚焦于提升全民数字素养与技能实践，我们不仅要推动数字教育资源、数字技能培训、数字产品和信息服务等高质量发展和开放共享，不断提高人民群众的获得感、幸福感、安全感。还要遵循数字化发展规律，针对不同类型的群体、不同年龄阶段的公民，强化顶层设计和统筹谋划，整合资源，筑牢基础，补齐短板，整体提升全民数字学习、工作、生活和创新的素养与技能。还要聚焦提升全民数字素养与技能过程中的突出矛盾和难点问题，创新政策供给，破除体制机制障碍，不断弥合城乡、区域和人群间的数字鸿沟，营造良好的数字学习和创新创业环境，促进区域协调、城乡融合发展。更要统筹发展和安全，强化底线思维和风险意识，坚持正能量是总要求、管得住是硬道理、用得好是真本事，主动防范化解风险，有力有序推进全民数字素养与技能提升。

二、提升数字素养与技能的途径

展望未来，为实现建成数字人才强国，全民数字素养与技能等能力达到更高水平，高端数字人才引领作用凸显，数字创新创业繁荣活跃，为建成网络强国、数字中国提供有力支撑的全民数字素养与技能发展目标，亟须开展实施如下工作。

其一，以优质数字资源供给推进全民数字素养与技能提升。首先，我们需要优化和完善数字资源的获取渠道。这包括加快新型基础设施的建设进程，如千兆光网、5G 网络和 IPv6，以扩大网络覆盖范围、提升网络质量，并提高数字设施和智能产品的服务能力。此外，有序引导科研机构、高校、企业和社会团体发挥各自优势，开发并建立数字素养与技能培训网站、移动应用程序和公众账号等多样化的数字资源获取渠道。其次，我们应该丰富数字教育培训资源的内容。通过运用视频、动画、虚拟现实和直播等各种形式的载体，围绕数字生活、工作、学习和创新等需求，加强数字素养与技能教育培训资源的开发与提升。我们还应该支持各地区和各行业制订培训方案，统筹规划和差异化设计培训内容，并鼓励向社会提供免费的优质数字教育资源和在线学习服务。再次，我们需要推动数字资源的开放共享。鼓励党政机关、企事业单位和社会团体遵循法规，有序地开放公共数据资源，推动数据资源在地区和层级之间实现互联共享。同时，积极推动学校、培训机构和出版社等开放教育培训资源，共享优质的数字技能教学案例，以促进数字技能教育资源的均衡配置。此外，我们还应实施互联网平台数字培训的开放共享行动，通过平台向社会开放培训资源。最后，我们应推动数字公共服务的普及普惠。为此，我们需要建设完善的全国一体化政务服务平台，加快线上线下服务的融合与互补，优化政务服务体验，畅通多样化的办事渠道，使企业和个人能够方便快捷地办理各项事务。在政务服务大厅、医院、交通枢纽等服务场所，我们可以设立志愿者、引导员或服务员，借助城乡社区综合服务设施开展宣传培训，为群众提供指导和协助，推进数字公共服务使用技能的提升。通过优化数字资源获取渠道，丰富数字教育培训资源内容，推动数字资源开放共享，以及促进数字公共服务普适普惠，我们将能够有效推进全民数字素养与技能的提升。这样的努力将为人们提供更广泛的学习机会，促进社会各界在数字化时代的发展和创新，实现数字社会的平衡和共赢发展。

其二，提升高品质数字生活水平，促进全民数字素养与技能提升。首先，我们需要培育智慧家庭生活的新方式。为此，我们应完善智慧家庭综合标准化体系，以提高智能家居系统平台、设备产品和应用的易用性、便捷性和兼容性，增强产品的感知与互动能力，便于用户的管理和使用。同时，积极引导企业开展智能家居产品体验和应用培训等活动，提高全民使用智能家居产品的能力。其次，我们应提高智慧社区建设的应用水平。这需要优化智慧社区建设的规划布局，建立健全社区基础设施和综合服务设施的智能化建设与改造机制，以提升智能安防、智能停车等设施的便捷易用性。同时，运用数字技术完善社区服务需求收集、项目设计、资源链接、过程管理、绩效评价等机制，提高社区服务的精准化和精细化水平。另外，建立社区数字技能公益团队和兴趣小组，开展“数字技能进社区”等宣传推广活动，同时鼓励社区设立数字服务志愿者和引导员，引导社区居民充分利用数字产品和服务。再次，我们应丰富新型数字生活场景。这可以通过推动5G、超高清视频、虚拟现实、人工智能等数字技术在生活中的广泛应用来实现。我们要提高电子商务、移动支付、共享经济、智慧出行等新型数字生活服务的体验，发展智慧商店和智慧商圈，以提升居民对数字资源和数字工具的使用意愿。通过共同营造良好的数字生活氛围，让全民能够享受便捷的数字服务。此外，我们还需要开展针对特殊群体的数字助老助残行动。在考虑老年人和残疾人等特殊群体的特殊需求的基础上，加强数字设备和数字服务信息的无障碍交流建设。我们应在老年人、残疾人等特殊群体经常参与的出行、就医、就餐和购物等高频服务场景中保留人工服务渠道，防止强制性的数字应用和诱导性的线上付款等违规行为。同时，我们可以依托老年大学、开放大学、养老服务机构、残疾人服务机构、社区教育机构和老科协等机构，丰富体验学习、应用尝试、经验交流和互助帮扶等形式和内容的老年人和残疾人数字技能培训。我们应推动社会各界积极帮助老年人和残疾人融入数字生活的良好氛围的形成，建立一个全龄友好和包容的社会环境。通过培育智慧家庭生活新方式，提高智慧社区建设应用水平，丰富新型数字生活场景以及开展数字助特殊群体行动，进一步推动数字时代的发展和创新，使得全民都能够充分享受数字化生活带来的便利和机遇。

其三，培育各类群体数字工作能力，推进全民数字素养与技能提升。首先，要提高产业工人数字技能。我们需要完善企业员工职业技能培训体系，并建立和共享职工培训中心、网络学习平台等培训载体。同时，我们要丰富数字素养与技能培训的内容，以提高员工的职业胜任力。为此，我们需要健全企业职工培训制度，特别是针对产业工人系统，开展面向生产全环节的数字技能培训，以持续壮大现代产业工人队伍，并培养出在数字领域具有高水平技能的工匠，从而提升数字化生产能力。此外，我们还应提升企业管理人员的数字素养，建立数字化思维，以提高他们的数字化经营管理能力。其次，要提升农民数字技能。我们需要构建现代农业科教信息服务体系，并优化完善全国农业科教云平台。这样可以汇集和整合新技术推广、电商销售、新媒体应用等优质培训资源，持续推进农民的手机应用技能培训工作，以提高农民对数字化“新农具”的使用能力。同时，我们还需要引导企业、公益组织等参与农民数字技能提升工作，并推动数字服务和培训向农村地区延伸。再次，要提升新兴职业群体数字技能。针对“互联网＋教育”、互联网医疗、电子商务、供应链管理服务、线上办公、

“虚拟”产业园、“无人经济”等新业态和新模式，我们需要制定新职业的职业标准，并丰富职业培训课程，开展从业人员培训，以壮大新兴职业群体的人才队伍。同时，我们还应引导和支持新兴职业群体积极利用5G、人工智能、虚拟现实、大数据、区块链等数字技术进行创新创业。最后，要提升公务人员数字治理能力。我们需要加大他们的信息化培训力度，并丰富数字经济、数字社会、数字政府等领域的线上培训资源。我们可以将提高公务人员的数字治理能力作为各级党校（行政学院）的重要教学培训内容。同时，我们也要引导公务人员运用网络来了解民意并开展工作，以提升他们的学网、懂网、用网能力。在领导干部选拔任用中，我们还应加强对候选人数字能力方面的考察。

其四，构建终身数字学习体系，推进全民数字素养与技能提升。首先，要提升学校数字教育水平。将数字素养培育相关教育内容纳入中小学教育教学活动，设立信息科技相关必修课程，打造优质精品教材，开展数字素养相关课外活动。加强普通高校和职业院校数字技术相关学科专业建设，推进数字技能基础课程和实习实训基地建设，完善数字创新人才培养机制，提升人才培养质量和水平，鼓励学生运用数字技术创新创业。实施战略型紧缺人才培养教学资源储备计划，加大相关领域数字教学资源储备。开展教师数字技术应用能力培训，强化教师运用数字技术改进教育教学的意识和能力，增强中小学、职业院校和普通高校专业教师的教学能力，持续壮大高水平数字技能师资力量。全面推进数字校园建设，建设一批智慧教室、智慧教学平台、虚拟实验室、虚拟教研室等，全面提升数字化水平，支撑引领教育信息化特色发展、高质量发展，引导科学合理使用数字产品，保护师生视力健康。其次，要完善数字技能职业教育培训体系。完善数字技能职业教育，加强职业院校数字技能类人才培养，动态更新职业教育专业目录，推进专业升级和数字化改造，优化完善课程设置，建设高水平数字技能职业教育教师队伍。制定完善数字技能职业教育国家标准，推行“学历证书＋职业技能等级证书”制度，打造一批高水平数字技能职业院校和专业。加大数字技能职业培训力度，研制培训方案和内容标准，规范数字技能职业培训，试点探索“互联网＋”职业技能培训模式，推动数字化培训模式发展。再次，建设数字技能认证体系与终身教育服务平台。推进国家学分银行建设，发挥开放大学优势，推动制定面向全民、适应行业发展的数字技能框架和认证单元，搭建国家级数字技能终身教育服务平台，设计符合相关标准的课程体系和配套学习资源与服务，贯通培训、学习、体验、考核、学习成果认定、学分互换等环节，为全民终身数字学习体系的建设提供可信可靠的“补给站”和四通八达的“立交桥”。

其五，激发数字创新活力，推进全民数字素养与技能提升。一方面，要打造企业数字化竞争力。发挥行业龙头企业在新一轮科技革命和产业变革中的引领和示范作用，培育造就一大批高水平、创新型、复合型的数字化人才队伍，积极开展数字创新大赛、成果推广、创先示范等活动，不断激发企业创新活力。加快完善面向中小企业员工的数字化服务体系，提升中小企业数字化发展意愿和能力。另一方面，要探索数据驱动科研新范式。适应国家创新驱动发展战略和大数据发展趋势，鼓励企业、高等学校、科研院所和科研工作者挖掘利用数据资源，探索数据密集型科研范式，支持国家科学数据中心建设，加快数据资源开放和利用，形成大数据驱动的科研创新模式，推动开放创新、协同创新。

其六，提高数字安全保护能力，推进全民数字素养与技能提升。一方面，要提高全民网络安全防护能力。引导全民积极参与国家网络安全宣传周、“网络安全进社区”等活动，普及网络安全知识，提升网络安全防范意识。通过举办网络安全专题讲座和培训班、制作印发宣传册、线上视频宣讲等方式，增强全民对网络谣言、电信诈骗、信息窃取等不法行为的辨别能力和安全防护技能。另一方面，要强化个人信息和隐私保护。加大个人信息和隐私保护相关法律法规的普及宣传力度，提高全民个人信息和隐私保护意识。制定完善个人信息和隐私保护标准，健全个人信息和隐私保护监管机制，优化社会群众监督举报机制，压实行业组织、企业机构等保护个人信息安全主体责任，加大对侵犯个人信息和隐私等违法犯罪行为的打击力度。

其七，强化数字社会法治道德规范。首先，要引导全民依法规范上网用网。坚持依法管网、依法办网、依法上网，加强网络空间生态治理，规范网络传播秩序。积极开展网络普法，增强网民法律意识和法治思维，加强网民自律，引导广大网民自觉抵制网络不良信息和不法行为。其次，要提高全民网络文明素养。建立完善网络文明规范，普及网络文明观念，发展积极健康的网络文化，进一步完善政府、学校、家庭、社会相结合的网络文明素养教育机制，不断提升青少年网络素养，引导健康合理使用数字产品和服务，推动全社会形成文明办网、文明用网、文明上网、文明兴网的共识。最后，要强化全民数字道德伦理规范。加强道德示范引领，深化网络诚信建设。各级政府、科研院所、行业组织、企业、线上社区等各方力量主动作为，督促数字技术和产品开发人员遵守职业道德和准则。加强人工智能技术治理，发展负责任的人工智能。提高全民数字获取、制作、使用、交互、分享、创新等过程中的道德伦理意识，引导全民遵守数字社会规则，形成良好的行为规范。

第四节　公务人员数字素养概述

自计算机诞生起，人类便开始了信息化、数字化的探索之路。在我国，伴随着数字中国、智慧城市、数字乡村建设发展，5G 通信、智能交通、智慧医疗的发展应用深刻地改变了我们的生存空间和行动方式，不仅重构了我们私人领域的交往模式，也深刻变革着公共领域的政府治理样态。时至今日，借助于大数据、人工智能等层出不穷的信息化、数字化创新技术和融合应用，逐步实现了对整个社会的组织、管理、运行系统及人的数字化，信息化、数字化的技术应用已成为日常生活不可或缺的一部分。

在国务院的明确支持下，经过科研工作者的艰辛努力，连接着数百台主机的中关村地区教育与科研示范网络工程，于 1994 年 4 月 20 日成功实现了与国际互联网的全功能链接。随后，在国家主导下，金税、金关、金财、金审、金盾等一系列行业领域的信息系统相继建成，实现了政府关键行政领域业务的数字化。进入新世纪，大数据、物联网、区块链、云计算、人工智能等高精度数字技术推陈出新，数字技术与政府治理深度融嵌，政府领域对数字技术的应用创新案例层出不穷。从新世纪初开始搭建的天网工程、雪亮工程，到当前“放管服”改革打通数据壁垒，实现“全网一平台”“一网通办”全覆盖，数字政府应用案例不断涌现，政府已然全面朝着数字化深度转型。党的二十大报告指出，要加快建设网络强国、数字中国。在网络强国、数字中国建设推动下，政府迎来数字化转型浪潮，政府形态较传统政府发生显著变化。在新一代信息技术驱动支撑下，通过构建技术驱动的政务新机制、新平台、新渠道，重塑政府政务管理、业务、技术架构，进一步优化调整政府内部的组织架构、运作程序和管理服务，全面提升政府在经济调节、市场监管、社会治理、公共服务、生态环境等领域的履职能力，形成“用数据对话、用数据决策、用数据服务、用数据创新”的数字政府。

作为政府组织的微观构成，公务人员数字素养是数字时代推进中国式现代化的重要引擎，是构筑国家竞争新优势的有力支撑。在数字政府发展建设中，数字素养日益成为政府数字化转型成功的关键因素。首先，数字政府是公务人员需要适应的新的政府形态。数字政府为公务人员带来了与传统政府截然不同的治理问题，正在重构公务人员这一主体的工作方式与使命。新一代信息技术的发展催生数字经济、数字社会，数字政府是适应数字经济与信息社会发展的新型政府治理形态。数字政府的出现与发展，将有效推动数字经济发展、提升社会治理智能化水平、促进民生服务精细化和个性化，是政府的必然选择。公务人员作为驱动引领数字化的变革者，只有不断提升数字素养才能适应新的政府形态。其次，数字政府为公务人员这一主体塑造了数字化的行政治理对象。数字技术不断将传统政府种种职能要素数字化，政府治理的事务、对象以及场域不再只是发生在物理世界之中，数字政府开始涵盖治理主体、治理对象与治理活动。再次，数字政府伴随新的治理问题。数字政府让治理对象的诉求更加全面地表达与展现，治理问题及其冲突的广泛性、复杂性、不确定性更加明显。“数字鸿沟”“技术作恶”“算法歧视”等新型治理问题涌现，破坏着公共空间的秩序与公平，甚至扩大现有的社会冲突。

随着中国式现代化建设纵深推进，公务人员成就中国式现代化事业的重要“本领”——数字素养——越来越受到关注。如果公务人员数字素养不高，不熟悉、不知道和不擅长信息化，那么可能会影响中国式现代化的发展进程。数字政府对政府治理的目标使命提出了更高的要求。打造数字政府，开展数字治理迫切需要公务人员这一主体改变工作方式。在传统的政府工作中，政府的治理依靠样本数据与治理经验，实施行政决策、执行与监督。在数字治理时代，多元、异构、海量的数据信息得以生成，政府决策管理更多依赖对数据的采集，并基于数据分析加深对治理问题的判断和理解，基于经验的工作方式走向了基于数据的科学管理方式。从理论上来讲，数字技术所生成的海量数据资源提高了政府治理的信息清晰度，它能帮助政府管理得更加科学、精准和高效。如何借助于数字技术、数据要素来实现精准化、个性化和智慧化的管理与服务，并通过对数字技术体系的驾驭以应对公众的新诉求、提高政府治理的有效性、维护政府声誉和形象已经成为数字时代政府必须考虑的重要问题。

回顾技术的发展不难发现，自计算机问世以来，其技术发展迅速。直至今日，提及信息技术或数字技术，其概念的范畴早已超越了计算机技术，以至于常用新一代信息技术来描述当前技术。在这一场由计算机技术引领的发展盛宴里，无论是代表硬件发展水平的芯片还是拓展应用的软件，又或是互联网，技术迭代出新，触角深入到社会的方方面面，对全体公民都提出了技术使用与技术驾驭的能力素质要求。从事社会科学研究的学者们也敏锐地捕捉到技术对社会带来的影响，纷纷提出计算机素养、互联网素养、信息素养、数据素养、大数据素养和数字素养，研究视角随着技术的发展进步反映技术变革对人们能力变革的需求。就政府或其职能部门而言，新一代信息技术的广泛采用，引发政府的技术能力、行政能力等的革命性、系统性变革。公务人员是政府组织的微观构成，政府数字化变革最终必然会落脚于公务人员身上，公务人员的数字适应能力成为政府数字化转型的人力资源基础。然而，面对数字政府的巨大变革，公务人员的能力素质与引领变革所需的能力差问题逐渐显现。

中国式现代化的建设离不开公务人员群体的努力，担负以信息化驱动引领中国式现代化的使命任务。当政府及其职能部门愈发依赖新一代信息技术进行治理时，数字技术密集、数据资源海量、数据挖掘精准，对公务人员的技术驾驭素养需求不可避免，容易产生技术超载、数据超载、信息超载等素养难题，能力差问题开始暴露。在工作中对数字技术的选择和应用避而远之，暴露出公务人员技术能力不足、数字技术使用的风险认知能力以及数字技术的使用程度有限。如政府“放管服”改革提倡的“一网通办”，公务人员如何面临“老办法不管用，新办法不会用”的能力不足问题。面对这一使命任务，“公务人员不仅要有担当的宽肩膀，还得有成事的真本领”。在数字中国的发展进程下，一方面，新一代信息技术不断嵌入政府；另一方面，公务人员现有技术储备难以胜任技术迭代带来的工作挑战，技术迭代的速度远超政府人力资源迭代换新。与此同时，政府的人力资源迭新是一个漫长过程，现有人力资源的构成难以匹配和适应数字政府发展，数字政府面临能力不足与人才荒问题日益凸显。在当前，不具备一定数字素养的公务人员难以胜任其工作，公务人员对新一代信息技术的适应能力，以及应用数据要素赋能科学决策治理的能力成为当下数字政府成败的关键。没有高数字素养的公务人员就难有可靠的数字政府。

中国式现代化进程同公务人员的数字素养密切相关，公务人员数字素养在中国式现代化进程中发挥着不可或缺的作用。随着中国式现代化建设向纵深推进，数字政府是政府当前与未来的必然选择，与之密切关联的公务人员数字素养也已提上议事日程。公务人员数字素养提升是国家顺应数字时代要求，更是弥合数字鸿沟、促进共同富裕、实现从网络大国迈向网络强国的必由之路。习近平总书记指出，公务人员要善于获取数据、分析数据、运用数据、用好大数据，不断提高对大数据发展规律的把握能力。中央网络安全和信息化委员会印发《提升全民数字素养与技能行动纲要》（以下简称《纲要》），不仅对提升全民数字素养与技能做出安排部署，还对提升公务人员数字治理能力提出明确要求。《纲要》指出要引导公务人员运用网络了解民意、开展工作，提升学网、懂网、用网的能力，为公务人员数字素养培育提供了顶层规划。国务院印发的《关于加强数字政府建设的指导意见》指出当前数字政府建设仍存在干部队伍数字意识和数字素养有待提升，政府数字化水平与国家治理现代化要求还存在较大差距的问题。

为培养政治过硬、适应新时代要求、具备领导社会主义现代化建设能力的高素质干部队伍，提出加强履职能力培训，增强推进中国式现代化建设本领。党中央印发《全国干部教育培训规划（2023—2027 年）》，指出要加强信息技术、人工智能等新知识新技能学习培训。不难发现，在中国式现代化进程中，公务人员数字素养已经引起了理论研究者与实践者的高度关注。

第五节　公务人员数字素养的讨论

党的十九大提出建设网络强国、数字中国、智慧社会。数字中国建设势必面临纷繁复杂的挑战，公务人员承担的责任、任务赋予了复杂多样的职业身份，决定公务人员数字素养框架建构要多方面综合考虑。党的十九届四中、五中全会分别提出推进和加强数字政府建设，国民经济和社会发展“十四五”规划和 2035 年远景目标纲要将数字政府建设单列为一章，擘画了数字政府蓝图。毫无疑问，开启新时代数字政府建设新篇章离不开公务人员，其数字素养是勾勒数字政府新图景的画布。在数字中国发展赋能下，数字政府建设的诸多工作要求公务人员能够掌握数字技术和数字工具、设备等的操作管理，具备安全守护能力，实施行政决策、执行、监督管理，创新应用，等等。如何界定数字素养，现有研究并未形成统一意见。通过梳理已有研究的成果，对数字素养概念的界定分广义和狭义两类。狭义数字素养聚焦于操作和应用的能力，将数字素养界定在实践过程中的操作技能和应用能力等要素；广义数字素养除聚焦于操作和应用的能力外，一并考虑思维意识、技术情感态度等个体心理层面等潜在要素对数字能力的作用。

早在 20 世纪 90 年代，数字素养这一概念就已被理论研究者提及。西方的一些学者将数字素养的概念视为一种多媒体素养，认为是对数字资源创造的诸如文本、图像、声音等新信息形式的掌握能力。这种将数字素养理解为互联网和其他网络资源有效使用的能力的认识得到众多学者的确认，即便这种认识和确定是一种狭义上的数字素养。狭义数字素养的概念基于信息技术发展以及操作者的素养需求而提出，主要关注技术的操作及其数据要素的管理维度，素质任务比较单一，但与计算机素养、互联网素养、信息素养等技术素养概念发生了联动。狭义数字素养目标明确、可操作化程度高，因此更容易理解和实践应用。前面章节讨论的联合国教科文组织关于数字素养的定义，确定数字素养是通过数字技术安全合理地获取、管理、整合、交流、评价和创造信息的能力，是狭义上数字素养的定义。

保罗·吉尔斯特是目前公认最早从广义上定义数字素养的研究者。他在1997年的著作《数字素养》中简化了“数字素养”这个术语，认为数字素养与技能是指数字社会公民学习工作生活应具备的数字获取、制作、使用、评价、交互、分享、创新、安全保障、伦理道德等一系列素质与能力的集合。他反对将数字素养局限在一系列能力集合上的设定方式，将数字素养描述为对数字时代信息的使用与理解，指出数字素养是对来自多样化数字资源信息的理解和使用能力，其中涵盖个体心理素质中的意识、批判性思维、态度等重要元素，并强调了数字技术作为“基本生活技能”的重要性。他的这些观点与一众研究者的观点类似，如以色列学者约拉姆·埃谢特－阿尔卡莱认为将数字素养界定在有限的技能上是非常局限的，提出将数字素养表述为图片图像素养、再创造素养、分支素养、信息素养、社会情感素养等方面。从广义的视域看，数字素养的界定不仅涵盖狭义上的数字操作或实践能力，更倡导个人正确使用数字工具和设备、利用数字资源构建新知识、与他人沟通等的意识、态度和能力。可见，广义的数字素养概念不仅考虑了狭义概念上的操作与应用能力，还将数字化的思维、态度、情感等心理素质一并考虑，是涵盖范围更广泛的数字素养概念。时至今日，无论是理论研究者还是实践者，提及数字素养不再只关注于数字化的技能和能力，而是认为数字素养是面对数字时代复杂的社会场景的一种发展性技能，是正确运用数字工具的意识、态度和能力的集合，这是从广义的内涵来理解数字素养概念。

既有对公务人员数字素养的研究表明：其一，作为一个动态、开放、多层面的概念体系，对公务人员数字素养的研究虽然在实践中不断趋向完善，但尚未形成一个统一共识，需要厘清数字素养涵盖的因素及其对数字政府建设的驱动效应。其二，关于公务人员数字素养体系的建构，大多仍停留在知识、技能等基础应用层面，而对于数字安全、伦理道德等深层次的阐释还不够翔实。因此，公务人员数字素养的结构是多维而非单一的，不仅要考虑公务人员对数字技术的操作，还要考虑数字技能在行政、治理任务中的嵌入和应用，要关注公务人员所处的文化与心理背景对数字素养的影响。其三，公务人员是一种不同于教师、工农等群体的特殊职业，其面临的数字场景、任务、使命和其他职业完全不同，其数字化能力的需求和表现也不同于其他群体。显然，把针对其他主体构建的数字素养框架套用在公务人员这一群体并不适宜。其四，培育和提升公务人员数字素养是数字政府建设的重要举措，但关于公务人员数字素养究竟从何种角度判别或评价还有待进一步挖掘。基于此考虑，有必要有针对性地综合解构公务人员数字素养。

第四章

公务人员数字素养评价

大数据、区块链、人工智能、5G 等颠覆性技术的迅猛发展，不断驱动着政府转型与行政体制变革，这对公务人员这一主体能力提出了新要求。在变革过程中，面对海量数据的爆炸式增长以及信息技术的迭代更新，如何对数据信息加以识别、获取、运用、整合及评价，并增强乡村多元治理主体的数字化素养显得尤为重要，这将直接影响乡村社会的知识生产、技术创新、产业融合以及数字治理效能。① 毫无疑问，公务人员是数字中国、数字政府、数字乡村等数字化建设的核心主体之一，始终是推动数字化发展的关键行动者，无论是发展数字经济，还是转变社会治理范式，又或者是提供公共服务，公务人员的数字素养已然成为影响数字治理最根本的制约因素。数字技术、数字理念、数字资源日益驱动传统政府向数字政府形态转换，而具备数字素养是公务人员胜任数字政府场景与任务的关键。基于此，有必要对公务人员数字素养的界定、公务人员数字素养框架与评价模型构建、公务人员数字素养评价体系构建、公务人员数字素养精准化评价策略等进行讨论。

第一节　公务人员数字素养的界定

一、胜任素质理论与公务人员数字素养

是否胜任某项工作是评判人力资源能力最显性的要素。美国心理学家

---

① 武小龙，王涵．农民数字素养：框架体系、驱动效应及培育路径——一个胜任素质理论的分析视角［J］．电子政务，2023（8）：105－119．

Robert W. White 于 1959 年提出“胜任力（competence）”这一概念，并提出胜任力是与人才识别、个性特征相关的要素，被认作为现代胜任力研究的起源。美国心理学家截维·麦克利兰在他的著作《测量胜任力而不是“智力”》中提出了较为完整的“胜任力”体系，并将影响工作业绩的“知识、技能、能力及其他内容”等个体条件和行为特征界定为“胜任素质”，对“胜任力”作出系统阐述。学者博雅特兹认为，素质是个人所具备的某些潜在特质，这些特质是个体在工作中表现出更好、更出色的工作绩效的关键特质，包括个人动机、特质、技能、自我形象和社会角色等。另外，还有学者对“胜任力”进行了综合性概括，认为胜任素质是一种行为表现、一种品质和标准，以及个体潜在的知识、技能与态度。综合学者的观点，胜任素质主要形成了“行为观、特质观、综合观”三类解释，主要包含潜在和显性两个素质维度：在显性维度上，体现为个体可视化较强的知识、经验与技能，是一种与工作任务相关的“显性行为”；在潜在维度上，表达为个体的动机、态度、价值观等，是一种与个体属性相关的“隐性特质”。

胜任素质被广泛应用于政府、企业管理者、教师等等职业主体的素质分析中，并引发了对“胜任力模型”的建构与思考。胜任素质模型是一个决策工具，可理解为承担某项特定任务所具备的一系列关键能力要素的总和，或者一种胜任特征结构与框架体系。围绕“胜任素质模型如何构建”的核心问题，一众专家学者做了深入探讨，其中，最具代表性的是冰山模型和洋葱模型。两大模型都较为注重对胜任力要素的类别划分，并强调潜在特质的关键作用。冰山模型主要分为“冰面以上”和“冰面以下”两个部分：前者主要包括基本知识、经验和技能，是易观察和习得的“表象行为特征”；后者侧重于自我概念、特质和动机等，是不易习得的“潜在个体特质”，这些特征由上至下层层深入。素质洋葱模型以传统的素质理论观点为基础，按照素质要素的抽象程度对个体素质进行分层，主要划分出潜在和显性两个素质维度。在潜在层面，主要关注隐藏在个体内部最深处、最不易观察的心理素质；在显性层面，则关注个体最显露的、最易观察的外在技能表现。该模型将个人的基本素质进行了清晰的结构化解剖，形成了一个富有层次性的素质洋葱结构。

在数字中国建设推动下，数字政府已成必然。对于公务人员而言，数字政府蕴含着数字技术带来的政府行政与治理形态的结构性重组与功能性转变，构造了一种崭新的行政方式和治理模式，重塑了一个全新的数字化工作场景。公务人员是否适应全新的数字化工作场景，有效地完成数字政府中的工作任务，是其胜任素质最直接的反馈。究其本质而言，公务人员的数字素质也属素质范畴，也具有一般性素质的属性特征。基于胜任素质模型的理论观点，可以为公务人员数字素养框架的数字素质模型设计带来以下两点启发：其一，在公务人员数字素质分层上，可以借鉴胜任素质潜在和显性两个素质维度。其二，在公务人员数字素质的具体要素构成上，可以把公务人员见之于数字中国、数字政府、数字技术、数字治理等的思维、态度、价值观等潜在特质称之为数字心理素质；而把公务人员在数字心理素质的驱使下，在数字政府环境中对数字技术的操作和应用归集为数字技能素质，由此形成一个分析公务人员数字素养的胜任力模型。

二、公务人员数字素养

公务人员完成数字政府中的工作任务可从数字素质和数字能力两个维度界定。其中，数字素质强调的是公务人员潜在维度上的“隐性特质”，是公务人员应具备的通用性、准备性的基础素质因素；而数字能力则指向公务人员显性维度上的“显性行为”，是公务人员在数字政府场景中应用数字素质去解决问题、完成任务的能力。从这一基点出发，选取前面讨论的冰山模型和洋葱模型理论作为公务人员数字素养框架建构的理论基石。

在数字政府的发展进程中，数字政府摒弃了传统科层制政府的管理方式，将精准化、高效化、智能化作为价值理性追求，力图从过去的“社会管理”、“粗犷治理”走向“社会治理”、“智慧治理”。对于公务人员而言，数字政府是政府在数字时代基于对数字技术与数据价值的应用与发挥，以数字技术来改进行政方式的全方位变革，数字政府不仅是行政流程的转变，更是包含了新的治理目标、新的治理对象和新的治理方式。毫无疑问，数字政府变革了政府内部的行政场景。

在政府内部，新一代信息技术嵌入政府，推动政府职能的整合和政府流程的数字化，传统的行政决策、执行、监督等政府组织运行发生变化。在行政决策中，数字技术生成的海量数据要素为决策提供了坚实的事实基础，借助数据驱动对问题的精准捕捉、分析和预测成为政府决策的新选择。在行政执行中，数字技术构建的大量实时性、敏捷化的沟通平台，破解了组织之间的交互壁垒，改变了科层制政府效率低下的面貌，大部门制的到来为多层级、多部门创建了共同参与的数字行动网络，为政策执行带来了敏捷反应、高度配合的红利。在行政监督上，互（物）联网、区块链、人工智能技术等新一代信息技术契合行政监督之后，以“大数据”为导向的监督逐渐成为主流，传统物理结构的监督工具开始“流动”，并隐身于数据的“洪流”之中。

从治理对象视角，数字政府改变了政府外部的治理场景。新一代信息技术不仅在前面讨论的政府与其部门实现深度融嵌，它还将触角深入到政府组织的外部治理对象中，推动与数字经济、数字生态、数字治理、数字公共服务等各类政府治理场景实现融嵌。在经济领域，数据成为现代经济第五大生产要素，与传统土地、劳动力、资本、技术要素一并不断渗透到社会生产与交易的各个领域和环节。以数据驱动的数字经济快速发展，不断催生出新产品、新业态、新模式，成为国内外 GDP 的“生力军”和“主力军”，释放数据要素价值，赋能现代化建设。

在数字时代，公务人员、教师、工人、农民等不同主体在面对数字化这场盛宴所应具备的数字素养是有差异的，不同职业群体的数字素养应回应其职业场景和任务特性。公务人员在数字时代面临的数字场景、任务、使命和其他职业完全不同，其应具备的知识、技能也不同于其他群体。这意味着不应当把针对其他主体构建的数字素养概念套用在公务人员群体之上。通过前面的讨论不难得出，公务人员数字素养从狭义走向广义是对其认识的必然。可见，界定公务人员数字素养既要考虑其对数字领域相关知识的掌握与技术的操作，又要考虑其在数字行政、治理任务中对技术的嵌入和应用，还要关注公务人员的创新。至此，对公务人员数字素养已有了清晰的界定。公务人员数字素养是其在数字政府治理场景下，具备的各种数字认知、数字技能、数字行政、数字治理等要素的总和。这些要素是为胜任数字化政府行政与治理任务而应具备的素质与能力，包括两个层面的含义：在浅层次上，主要理解为公务人员在数字政府治理场景下的数字基础知识和实践；在深层次上，主要体现为公务人员在数字建设中的创新与价值实现。

公务人员实现数字政府治理目标与任务的程度，是评判其数字素养的重要参量。为评判公务人员数字素养程度，将公务人员数字素养划定为“基础、实践、价值、创新”四个层次。“基础”是公务人员掌握数字素养的最基本的层次，这是绝大多数公务人员数字素养的最基本呈现，可通过学习较好掌握。“实践”是公务人员基于数字知识和数字技能完成社会治理、公共服务的能力，反映的是公务人员数字素养在数字政府具体应用的实践表现，该层次素养需要通过相关技能的专业学习才可适当掌握，较“基础”层次能力有较大的进步，并且在公务人员群体之间存在较大学习、掌握的差异性。“价值”是公务人员数字素养在实施日常决策、执行、监督控制等的价值体现，是公务人员借助数字技术工具以及丰富的数据资源，开展卓有成效的数字化组织领导、决策、协调、沟通，从而提高组织的运行效率，该层次数字素养习得难度较大。“创新”是公务人员数字素养通过将外在获得的刺激内化成稳定的并指导个人行为活动密切联系的认知、思维、理念等的心理品质，是驱动治理工具与治理方式改变，治理思维、理念变革的动力源泉，对数字政府发展变革有着关键的影响。

第二节　公务人员数字素养的框架

数字政府建设驱动数字资源和技术源源不断地嵌入政府治理内外部场景，对公务人员胜任数字化场景、目标与任务提出了新的需求。立足数字政府建设的实践特点，以胜任素质理论为分析视角，根据对公务人员数字素养的界定，数字认知、数字技能、数字行政、数字治理四个要素是其关键素质与能力要素，构成公务人员数字素养框架。其中，数字认知、数字技能是对数字素质维度的扩展，数字行政、数字治理是对数字能力的扩展。四个要素在公务人员数字素养框架中分别具有特定意义。

一、数字认知

认知是人们在改造世界的实践中所获得的认识和经验的总和。知识的价值判断标准在于实用性，以能否让人类创造新物质、得到力量和权力等为考量。数字认知是公务人员掌握的可用于数字政府场景、任务、使命，以实现数字政府治理目标与任务的与数字技术相关的意识形态的总和。数字认知涵盖新一代信息技术发展历程、理论原理、技术结构、工具操作等，是通过学习而获得的与数字素养有关的理论、认知与方法，是公务人员在开展数字工作或理论研究相关的情感、伦理与创新。数字技术契合于政府治理空间，所引入的不只是治理工具与治理方式，与之相伴的还有治理思维、理念等的革新。新一代信息技术推动的第四次工业革命，颠覆性地改变了政府的组织结构和治理方式。作为政府组织的微观构成与政府治理意志执行主体，公务人员最重要的是要基于治理理论而萌生认知、情感以及进行与之相关的创新。可见，公务人员的数字认知素质是潜藏在身体机能之下，能够激发、指导公务人员在数字政府场景行为活动的意识形态。基于此，我们将公务人员数字认知具化为数字认识、数字情感、数字创新。

其一，数字认识是公务人员对新一代信息技术与数字政府的了解。新一代信息技术将新一轮信息革命推向公众视野，技术颠覆原有社会形态，带来产业技术路线革命性变化和商业模式突破性创新，使社会生产呈现出生产方式智能化、产业形态数字化、产业组织平台化的新特征，数字社会这种全新的经济社会发展形态应运而生。身处数字社会的公务人员，为应对突如其来的社会变革，势必要理解带来变革本源的新一代信息技术，掌握其发展历程、理论原理、技术结构、工具操作等内容。从政府形态看，新一代信息技术推动工业社会到数字社会的变革，政府也由传统政府向数字政府革新，让公务人员的认知图式与思维方式产生了巨大变革。为适应新的政府形态，公务人员需要形成一种匹配数字社会、适于数字政府及其时代结构的数字化认知。在数字政府空间，公务人员要摒弃传统科层制固有的认知图式与思维方式，建立数字化、数据化和智能化的认识观念，掌握新一代信息技术的理论原理，学会用数字思维去发现问题和认识对象，进而具备匹配数字社会、适应数字政府转型的世界观和方法论。

其二，数字情感是公务人员对技术及其数字化行政与治理的态度偏好。情感是个体对某类特定事项的主观反应。公务人员数字情感是基于对新一代信息技术发展历程、理论原理、技术结构、工具操作的掌握，对数字政府空间所要作的行政决策、执行和行政监督等数字化行政与治理表现出的态度或偏好，是数字认知的高级体现。在数字政府场景中，公务人员能否应用技术解决问题取决于其对新一代信息技术是否有积极偏好，而生成这种偏好的前提是公务人员已有的数字认识。当公务人员基于已有的数字认识而产生数字化的思维方式和数字利用动机，对数字资源和技术嵌入政府改革与治理中的巨大价值生成积极偏好，则会通过已有的数字认知应用技术与数据对政府治理理念、决策、公共服务等赋能，以实现精准、高效的公共治理。可见，数字情感是数字认知的高级体现，有助于公务人员在数字政府空间积极采纳新一代信息技术与工具应用，培养用数字技术和数据要素提升行政与治理的行动倾向。

其三，数字创新是公务人员具备的对现有数字政府场景的优化或改进。数字创新是公务人员推进数字治理进步的前提，也是数字政府发展进步最深沉的资源禀赋。新一代信息技术的快速发展，数字治理技术迭代出新，数字技术触角深入到政府治理的方方面面，对公务人员提出了技术使用与技术驾驭的创新要求。一般认为，数字治理是数字技术要素在治理应用上的创新。这一创新，是公务人员在治理实践中应用数字技术改变传统科层管理存在的弊端，以技术要素驱动实现数据融通共享，精准研判、及早预警、紧急处置突发性重大公共事件，针对数字世界各类复杂问题而进行的治理创新。对于一种新的治理范式，数字治理须进行政府行政与治理形态的变革，这对政府而言是一个巨大的挑战。这一挑战，在实践中最终会落脚于公务人员身上。比如，面对联系广泛、相互渗透的复杂公共事务，公务人员如何在治理范式上破局，打破传统的科层界限，开发各种新的治理模式，走向跨边界、跨领域、跨机构、跨层级的一体化管理？又如，面对“数字孤岛”，公务人员如何创新技术应用、创新跨部门多层级的业务流程，打通上级、同级、下级部门的数据传输通道，实现数据要素的流通共享？又以什么样手段，实现政府、企业、组织、公民等多主体之间的高效联通和无缝协同？解决这些数字治理中亟待解决的难题，需要公务人员对已掌握的技术应用、制度政策、法律法规等理论原理或实践经验进行优化或改进。不难发现，良好的数字创新，是推动实现技术应用、数字治理突破的原动力。基于此，我们可将数字创新归类于数字认知素养。

二、数字技能

数字政府将新一代信息技术导入政府场景，公务人员的日常工作已离不开种类繁多的基础的数字工具、错综复杂的治理平台，以及一定的信息安全防护技能。传统数字技能主要表现为计算机的操作技能，但在数字时代，具备计算机的操作技能并不能完全满足公务人员工作环境。在这一时代，公务人员不仅要能够应用数字设备、平台、数据库等数字化工具对数据资源进行有效管理，还要能够应用政务服务平台、数据分析软件来提取满足工作所需的信息和知识，更要具有防范数字技术可能存在安全风险的意识。可见，数字技能是公务人员在数字空间运用数字技术顺利进行工作的技能，包括但不限于数字治理场景中所要掌握数字技术和数字工具、设备等的操作管理，以及从数据资源中提取有效的信息和知识，防范安全事故。出色的数字技能是公务人员在数字政府场景中开展行政决策、执行、监督等数字化行政与治理活动的必要素养。在数字治理场景中，公务人员掌握和应用数字治理工具、设备设施，善用数字治理平台和软件操作，是其适应数字政府环境的基本技能要求。基于此，我们可将公务人员数字技能具化为操作技能、数据管理技能、信息管理技能、安全防范技能。

其一，操作技能是公务人员熟练使用数字政府场景中各种数字设备、工具、平台的技术能力。除了计算机、打复印机、电话传真机、网络、音响录音等设施设备外，高拍仪、扫描仪、执法仪、智能触摸查询终端、音视频监控设备以及各种数字化的政务系统、政务服务平台、App，不断涌入公务人员的日常工作之中。随着数字中国、数字政府、数字乡村战略的推进，新颖且复杂的数字工具、种类繁多的数字化设备、操作复杂的治理平台持续进入数字政府场景之中，公务人员原本掌握的技能难以适应场景的切换，甚至对数字适应能力较差、年龄较大、知识素养较低的公务人员带来“技术超载”，引发其产生“技术性焦虑”。为了适应数字政府治理场景带来的能力挑战，掌握各类传统和新兴数字技术的操作程序，知晓各类设备的使用场景，懂得各政务治理平台的规则和功能，成为公务人员的基本技能要求。

其二，数据管理技能是公务人员对各种数据资源进行全生命周期管理的能力。在工业时代，土地、劳动力、资本、技术是传统的核心生产要素；进入数字经济时代，数据要素成为第五大核心生产要素。数据作为生产要素分配，已经上升到国家的战略高度。据统计，我国数据资源 80% 以上掌握在各级政府部门手里。因此，在数字政府场景，公务人员要应对海量数据的获取、存储、筛选、更新等“大数据”工作。这种新颖的工作有别于公务人员一直应对的“小数据”管理，公务人员在工作中极易被海量的数据淹没，难以整合出海量优质的数据为数字政府场景的行政与治理活动提供支撑，反而易受制于数据资源管理技能的局限而导致对数据蕴含信息的失察，影响行政决策。在数字时代，“人人皆数、物物皆数、事事皆数”，公务人员只有胜任数据资源的获取、存储、清洗、整合、更新，才能让“大数据”走向“好数据”，赋能数字政府场景。

其三，信息管理技能是公务人员在数字政府空间将大数据资源转化成有价值信息的能力。数据资源的价值在于其蕴含的信息，通过对数据资源的挖掘，大数据在数字政府空间的应用可有效推动政务工作开展，提高政府部门的决策水平、服务效率和社会管理水平，产生巨大社会效益。如前所述，虽然政府掌握着海量数据资源，但其蕴含的信息并不是显性的，而是隐匿在数据当中，这一特性不仅带来了数据管理难题，也带来数据挖掘和信息提取的考验。获取政府各部门的数据进行整合分析，将隐匿在海量数据中的信息挖掘出来，为数字政府场景的决策提供支撑，是数据驱动政府由传统向数字政府变革的重要前提。在数字政府治理场景下，公务人员能否应用数据挖掘工具提取所需的信息和知识，是新时代评判公务人员能力高低的一项重要指标。正因如此，公务人员要善用数据挖掘工具，对政府与部门的海量数据进行挖掘，以获取海量数据所蕴含的信息，为数字政府场景下的行政决策、执行与监督等工作提供客观依据。

其四，安全防范技能是公务人员在数字空间确保各主体不因偶然和恶意的原因而遭到侵害、破坏的技能。杰出的数字安全能力有助于公务人员防范化解数字风险，是数字政府安全的重要组成部分，也是实现数字治理的基本保障。显而易见，其重要性事关大局。数字治理涉及政府机密信息、公众个人隐私，涵盖网络安全、信息安全、系统安全、内容安全等方面，面临“数据泄露”“隐私侵害”“数据污染”“数字垄断”“算法歧视”“技术专制”等威胁，以致破坏数字治理的公平、秩序与声誉，威胁着数字治理发展。公务人员在面临数字治理中新颖且复杂的数字安全风险，极易因安全能力的不足而产生对技术应用风险的无知，出现两种截然不同的数字治理倾向：一种是对安全风险的心有余悸而望而却步，认为只要运用数字技术、工具、设备，推进数字治理就会有安全漏洞，存在潜在威胁，对数字治理安全风险隐患存在“宁可不用，不可出错”的倾向；另一种是对安全风险的不以为然而我行我素，无视数字治理保密制度、系统漏洞、核心数据，忽略账号口令、设备设施等管理，对数字治理安全风险隐患抱持一种“放任自流，无为而治”的倾向。因此，公务人员只有在数字治理实践中具备数字安全能力，才能紧绷数字安全这根弦，警惕和规避安全事件，守住数字安全底线，实现安全基础上的数字治理。

三、数字行政

数字治理是数字技术及其应用活动的合集，这要求公务人员善于借助和应用数字技术与资源，收集数据信息，进行科学决策，整合资源禀赋，提高决策执行，实施行政监督，防范化解风险。相较于传统政府形态，数字政府将精准化、高效化、智能化作为价值理性追求，力图从过去的“粗犷治理”“人工治理”走向“精准治理”和“智慧治理”。在数字政府的加持下，凭借经验决策与管理的时代一去不复还，公务人员面临全新的数字化工作场景。新场景下，公务人员一方面要借助数字设备与治理平台收集、下载、筛选、分析、整合数据信息，提取数字治理所需的信息和知识，以做出科学决策；另一方面，要善于借助数字技术和资源赋能数字化的行政监督，能够通过对实时数据的收集、识别和分析，加强对重大行政决策、行政执行和权力腐败风险的预警和控制，用数据监管的动态化、常态化推动行政监督的实效化。可见，数字行政能力是公务人员在数字空间生存与安全的能力，善用数字思维与创新的能力，实施行政决策执行、监督管理等行政行为的能力。优秀的数字行政能力有益于公务人员凭借数据信息资源与技术工具，开展数字化的决策执行、协调与沟通，是持续推动提升数字治理运行效能的关键，更是实现数字治理举足轻重的要素。基于此，我们可将公务人员数字行政具化为数字决策、数字执行、数字监督。

其一，数字决策是公务人员善用数字技术、资源与平台做出科学决定的能力。做出决策是公务人员工作的日常，做出正确的决策则是对公务人员的考验。在科层制政府结构中，具体工作的开展往往从制订工作方案开始，工作方案的制订过程实质上是对该项工作预先做出的判断与决策，这往往基于调查研究或以往的工作经验，在实际工作进展中极易出现偏差，特别是复杂的工作，这种偏差会更为明显。在数字政府空间，大数据赋予决策新意义，基于数据的决策摒弃了分析数据的传统特征与依仗经验的传统决策方式，而是建立复杂、高维、动态的决策模型以挖掘蕴含在数据当中的信息以实现对工作的判断与选择。对于执行层面的公务人员，在数字政府空间，即便是复杂的工作，在执行时也由以往的“填空题”到如今的“选择题”；而对于决策层的公务人员，基于客观数据支撑的决策可弥补其决策能力的不足，规避决策风险。为此，在数字政府空间，公务人员要善用数字技术、资源与平台收集决策数据，以数据分析判断与选择决策的方向，从而提高决策的精准性。

其二，数字行政是公务人员在数字政府空间善用数字技术、资源与平台提高决策执行力的能力。随着数字技术越来越多地应用于政府治理实践，公务人员在完成工作任务时，善用数字技术、数字资源与数字平台，能显著提高其指导、沟通、操作、报告等具体工作质量。这种实践表明，数字技术正在改变科层制组织的架构，技术的嵌入改变层级间的沟通方式，削弱层级结构，传统层次间的层层传递的低效率得到显著改善，提升了政府的行政效率。应当注意的是，数字技术嵌入政府空间，并不只是提升政府的行政效率，而是将带来治理范式的革新。改变科层制组织的架构、提升政府行政效率只是革新的前奏，在数字政府空间公务人员如何实现系统横向联通、纵向贯通，政务数据“跨层级、跨地域、跨部门、跨业务、跨系统”的按需共享、有序开放、安全应用，成为其适应和驾驭数字政府行政执行的重要标志。

其三，数字监督是承担监督职能的公务人员在数字政府空间使用数字技术、数字资源与数字平台履行的督察职能的能力。在传统科层制组织结构中设置有诸如纪检监察室、考核办等专门的机构或部门以实施督查、督办、考核、检查等监督工作，以实现对部门或其工作人员工作的指导和监督，确保行政决策、行政执行等行政过程与结果的有效。在数字技术嵌入政府治理以前，对部门或其工作人员的工作过程记录难度大，因而要监督部门或其工作人员的工作十分困难，在监督上也存在着较大的空白空间。而在数字政府空间，数字技术的嵌入使得部门或其工作人员的工作可转换成数字信息记录，从而削减了监督主体与监督对象的信息不对称，让部门或其工作人员的行政决策、执行过程变得规范化和透明化。如交通管理部门在交执法过程中必须应用的执法记录仪，将执法人员在行使执法权力时将权力关进了“数据铁笼”，让执法的过程、进展和结果一览无余，显著提升了监督的透明性。可见，在数字政府空间，承担监督职能的公务人员实施行政监督职责时，只有善于借助数字技术与数字资源赋能数字化的行政监督，才能更好行使其督察职能。

四、数字治理

政府在数字政府空间的职能较传统政府在外部场景、主体、方式等方面有了极大变化。在数字空间，政府治理以“数字 +”方式对数字经济、数字生态、数字公共服务、数字文化、数字民生、数字治理等领域赋能。应当看到，在数字政府空间，政府对社会的治理是全方位的领导者，但未必是全方面的管理者。因此，政府不一定要去实施每一项治理的具体工作，而应发挥好领导者的角色。于政府而言，随着新一代信息技术的发展，数据成为促进社会经济增长的新资源和新资产，并因此成为大国战略竞争的重要内容。与此相伴的是，数字化带来了各种无序和混乱，数字治理的概念因此诞生并扩展。而作为政府组织中的微观构成，公务人员数字素养是实现政府数字治理的关键内生动力，激活公务人员这一主体的数字认知、能力与意识，对数字政府空间领域的数字转型有重要驱动作用。从本质上看，公务人员数字治理能力与数字政府建设存在显著的“双向赋能”关系：一方面，在数字政府建设中，数字技术通过“赋能主体”的方式，提高了公务人员参与政府数字治理的能力水平；另一方面，公务人员数字治理能力水平的提升，又能进一步驱动其深度参与数字政府建设，并持续赋能政府数字转型。可见，公务人员数字治理能力不仅是其在数字政府空间所具有的对政府外部空间的治理能力，还应包含其在数字政府空间推动政府革新的能力。基于此，我们可将公务人员数字治理具化为社会治理、数字经济发展、公共服务、治理变革。

其一，社会治理是公务人员在数字政府空间善用数字技术、资源与平台发挥好管理者角色的能力。在数字政府空间，技术契合于治理，为政府治理带来全新治理工具，基于数据与平台等要素的治理，为政府识别和治理社会事宜与识别治理要素提供机遇，将政府能力由事后管理拉至事前治理。在数字政府空间，原本处于被管理的对象，化身为治理的主体，与政府这一主体在治理中以“共建共治共享”为目标推进治理。在“共建共治共享”目标下，治理首先要破除的是在不同主体间、主体内部部门间的数据共享桎梏，治理也不再是政府或其某一内设机构单独的职责，而是参与主体间的协同配合。这种协同与配合是基于数字政府空间中的平台，通过平台实现数据交换，完成治理资源的配给，实现治理。因此，在数字政府空间，公务人员数字治理要素具化出的社会治理能力，如何借助数字技术统筹众多的治理参与主体和社会资源，提高对突发事件、社会安全、网络舆情等风险的精准预警、应急处置和协同联动，推动数字社会治理的预见性、精准性和智慧性是公务人员在数字政府空间社会治理能力的内在需求。

其二，数字经济发展是公务人员在数字政府空间形成新质生产力并以此推动经济社会不断向前发展的能力。新质生产力是相对于旧质生产力存在的。第三次工业革命带来的社会生产力经新一代信息技术的发展推动实现由量变到质变过程，形成新质生产力。当新质生产力发展到一定程度，便与旧的生产关系发生冲突，最后在多种社会因素的多边合力作用下，产生一种与新质生产力发展基本相适应的新的生产关系，从而推动社会不断向前发展。① 毫无疑问，数字经济是当前生产力与生产关系的最终结果，是当前的经济发展的重要方向，其以数字科技产业为引领，推动着世界经济动能转换、效能提升，是促进传统产业向数字化、智能化升级换代的未来方向。从治理视角看，政府或其有关部门负有引导、促进和培育数字经济发展的职能。由此不难得出，公务人员理应肩负数字经济发展的职责，特

① 李政，廖晓东．新质生产力理论的生成逻辑、原创价值与实践路径［J］．江海学刊，2023（6）：91－98．

别是在政府经济部门或机构中工作的公务人员，作为调控和发展数字经济的微观主体，更需要履行好数字经济的发展职责。担起肩负的职责需要具备对应的能力，肩负数字经济发展的职责使得公务人员能够推动数据要素的流通共享、构建数据要素的竞争机制，并通过数字经济产业政策的制定，对数字经济市场的失灵失范问题进行合理的介入，保护好数据资产，做好数字经济的发展规划和宏观调控。

其三，公共服务是公务人员在数字政府空间善用数字技术、资源与平台向服务对象提供精准化、个性化服务的能力。数字政府空间的公共服务，是技术赋能下的公共服务，在技术的支撑下，突破了空间与地域，使得公共服务的供给便捷与高效。党的二十大提出要健全基本公共服务体系，提高公共服务水平，增强均衡性和可及性，将基本公共服务实现均等化确定为未来五年增进民生福祉、提高人民生活品质的发展方向。伴随着"一网通办""不见面审批"等数字化服务创新案例的涌现，公共服务的供给交付与数字技术的融嵌更加紧密，依赖数字技术、平台等提供公共服务成为政府公共服务职能实现的新途径。① 在数字政府空间，公务人员承担公共服务产品的供给与交付任务，因而需要掌握公共服务产品的供给途径、模式、工具等，识别服务对象对公共服务的需求，以技术之能突破公共服务时空与地域的阻隔，为社会、市场等主体提供精准化、个性化的服务。由此可见，在数字政府空间，实现基本公共服务均等化隐含公务人员要具备借助新一代信息技术推动部门权力的整合和服务流程优化，善用数字技术和数据资源分析洞察不同地域、不同群体的主体在公共服务上的需求，以更为便捷的途径和环节，提供精准化、个性化服务的能力。

其四，治理变革是公务人员善用新一代信息技术改革创新，持续改进数字政府空间的能力。在数字时代全面来临、数字中国建设如火如荼的背景之下，引导治理变革是公务人员胜任数字化行政与治理转型的必然要求，是政府治理能力现代化与公务人员能力现代化的发展方向。随着科技的不断发展进步，新一代信息技术日渐不断地迭代出新，以 ChatGPT 为代表的新

---

① 张红春，杨欢．数字政府背景下的公务员数字素养框架：一个概念模型［J］．电子政务，2023（1）：110－124．

一代人工智能技术取得突破性进展，渗透到经济社会各方面，全面加速数字社会的演进过程。在技术加持下各行业各领域改变了传统样貌或衍化出新行业或新领域，塑造了截然不同的治理对象和问题。面对新的治理对象和问题，已有数字政府空间的治理样式难以适应于新一代信息技术快速迭代带来的治理需求，因而迫切需要新的数字政府空间以实现治理的需要。此语境下，新一代信息技术的迭代进步对政府治理的目标使命提出了更高的要求，政府为达成治理目标因而亟须促使数字政府空间的迭代发展。在此背景下，数字政府唯有与迭代出的技术保持同频发展，借助技术应对和处置潜在的治理问题，实现“以快制快”，才能抢占发展先机，塑造竞争新优势。公务人员作为数字政府的微观主体，具备治理变革能力是完成这一任务与使命的必然要求。

经由上述讨论，总结出由数字认知、数字技能、数字行政、数字治理 4 个维度、14 个二级要素构成的公务人员数字素养框架体系。

第三节　公务人员数字素养评价模型构建

随着计算机、互联网、人工智能等技术的发展并与学习、工作、生活深度融合，数字素养成为信息社会公民必备的基本素养之一。① 公务人员作为数字时代的引领者，在数字政府空间肩负着以数字化转型整体驱动生产方式、生活方式和治理方式变革的数字化发展任务。数字素养是数字政府空间公务人员的核心素养之一，公务人员数字素养的评价与认证能够为公务人员数字行政、数字执行、数字监督等提供重要支撑。因此，有必要对公务人员数字素养进行科学评估，以期了解掌握公务人员数字素养程度，为公务人员数字素养提升制定相关政策、教育培训的实施提供科学依据。

如前面的章节描述，公务人员数字素养涵盖数字认知、数字技能、数字行政、数字治理等层面，要全面了解掌握当前公务人员在这四个层面以

---

① 高欣峰，於冰双. 国际数字素养评价与认证分析：以欧洲 4 个典型工具为例［J］. 成人教育，2022，42（10）：86－93.

及各层面下的数字认识、数字情感、数字创新、操作技能、数据管理技能、信息管理技能、安全防范技能、数字决策、数字执行、数字监督、社会治理、数字经济发展、公共服务、治理变革等能力水平现状，需要建立一个评估体系，锚定公务人员在数字政府空间所需能力为评价目标，建立公务人员数字素养评价模型，对建设公务人员数字素养开展评估分析。

一、公务人员数字素养评估现有框架

目前，针对数字素养，有较多国家、组织、研究者做了大量的探索，对数字素养的内涵进行了系统阐述，构建了数字素养框架与评估体系，为数字素养研究作出了卓越贡献。在这些研究成果中，公认度较高的数字素养能力域框架包括由欧盟开发的“数字技能框架（DigComp）”、由联合国教科文组织开发的“全球数字素养框架（DLGF）”、由经济合作与发展组织开发的“国际成人能力评估调查（PIAAC）”能力框架等。其中，“数字技能框架（DigComp）”是目前国际上最具影响力的数字素养框架之一，此框架自开发以来，欧盟不断迭代更新，并研发了针对不同群体的数字素养框架，这些发布的框架成为多个国家与机构进行数字素养研究、评价和实施数字素养提升的重要参考。

早在 2013 年，欧盟就发布了数字素养框架的第一个版本 DigComp1. 0。实际上，欧盟在 2006 年就已将数字素养作为欧洲公民的关键核心素养之一，并对数字素养做出了官方定义。欧盟的这一举措，为整个欧盟成员国形成数字素养共识、展开数字素养相关研究与提升数字素养实践提供了框架性指导。自 DigComp1. 0 发布后，欧盟在此版本上进行迭代，相继发布数字素养版本 DigComp2. 0 与 DigComp2. 1 两个版本，对原来 DigComp1. 0 版本数字素养框架及其指标进行了细化与修订。欧盟发布的数字素养框架包含信息与数据素养、沟通与协作、数字内容创建、数字安全、解决问题五个素养域。在初始版本，欧盟根据对五个素养域数字素养的熟练程度，将其划分为基础、中级、高级三个等级，并对每一个等级的数字素养进行了详细描述。欧盟对数字素养的等级划分与详细描述为后续相关数字素养测评工具的研发奠定了基础。在此基础上，欧盟在发布 DigComp2. 1 版本时，对数字素养进行进一步细化，划分为从 1 级到 8 级八个等级，八个等级分为初级、中级、高级与专业级四组，1 级与 2 级与原来的基础等级对应，3 级与 4 级与原来的中级对应，5 级与 6 级与原来的高级对应，7 级与 8 级则是新划分的专业级。1 级到 8 级八个等级以评测对象所要面对任务的复杂程度为划分标准，并参考自主性与认知领域进行了对应，新的分级比原来基础、中级、高级三个等级更合理，更易于实践应用。

2018 年，联合国教科文组织在对欧盟发布的 DigComp 深入研究后，开发并发布了全球数字素养技能参考框架。全球数字素养技能参考框架将数字素养界定为一种统领性的素养，包含了信息素养、媒介素养等素养。全球数字素养技能参考框架包含设备与软件操作、信息与数据素养、沟通与协作、数字内容创建、数字安全、解决问题、职业相关能力等七个素养域。与 DigComp2. 0 相比，联合国教科文组织发布的全球数字素养技能参考框架除了在问题解决素养域中增加了“计算思维”素养外，还增加了设备与软件操作、职业相关能力两个新的素养域。二者进一步比较，联合国教科文组织发布的全球数字素养技能参考框架因将设备与软件操作、职业相关能力两个表征发达国家与地区的数字素养纳入素养域，因而对欠发达地区数字素养的评价与数字素养教育的实施更具指导性。在对数字素养能力程度的划分上，尽管联合国教科文组织发布的全球数字素养技能参考框架是基于欧盟发布的 DigComp 基础开发的，但并没有像欧盟一样对数字素养进行等级划分，而是使用记忆、理解、分析、应用、评价、创新等划分数字素养。随着联合国教科文组织发布的全球数字素养技能参考框架的不断完善，联合国教科文组织对数字素养监测与评价作出了建议，并于 2019 年发布《关于数字素养监测评价工具的建议》，提出了数字素养评价的五条原则，为数字素养测评工具的开发与使用提供了重要参考。

2016 年，经济合作与发展组织教育研究与创新中心发起一项目名为“人工智能和未来技能”的项目并启动试点研究。在经济合作与发展组织教育研究与创新中心发起的这一项研究中，首创性地使用“国际成人能力评估调查”中的成人技能调查工具，用于评估人工智能在人类核心技能领域的能力。2021 年，经济合作与发展组织教育研究与创新中心对项目进行了跟踪测试，追踪评估人工智能的能力如何随时间的推移而发生改变，及其对教育和就业的启示，在行业内产生极大影响。经济合作与发展组织是一个由 38 个市场经济国家组成的政府间国际经济组织，旨在共同应对全球化带来的经济、社会和政府治理等方面的挑战，并把握全球化带来的机遇。“国际成人能力评估调查”是经济合作与发展组织实施的国际调查之一，其初次调查的评估期间是 2011 年至 2012 年，在此期间，经济合作与发展组织构建“国际成人能力评估调查”能力框架，在 24 个国家中对 16 ~ 65 岁成年人展开调查，旨在对成年人在社会生活方面的能力进行评估，并于 2013 年 10 月公布调查结果。经济合作与发展组织发布的“国际成人能力评估调查”能力框架中，数字素养包含设备与软件操作、信息与数据素养、沟通与协作、数字内容创建、解决问题、职业相关能力等六个素养域，致力于评估技术发展下的核心数字素养。

上述三个数字素养能力域框架为后续评价指标体系的构建指明了方向。应该看到，从数字素养能力框架并不能直接评估数字素养，还需要进行评价指标体系的转变。将数字素养能力框架转变为评价指标体系，至少需要解决两个方面的关键问题：一方面，应当清楚地意识到没有一体通用的数字素养评价指标体系，在实施数字素养评价时，要锚定评价目标，考虑数据收集，兼顾指标数据获取可行性，针对评价目的进行合理的指标选择。另一方面，不同的能力域涵盖不同的数字素养，但这些素养之间并不完全独立，而是存在相互关联的关系，甚至还会发生重叠，这意味着在构建评价指标体系时需要梳理它们之间的逻辑关系，针对相互关联与发生重叠的素养，通过归并同类项，阐释各指标确切含义等方式对它们进行重新整理，以避免各个能力域之间的能力重叠。

二、公务人员数字素养评价模型构建原则

评价模型的构建应以评价目的为原则。通过前面的描述不难得出，当前世界各国或组织基于课程和专业发展计划的再设计、政策指标研制、专业技能认证、人才招聘、纯科学研究等目的开展了数字素养评价。如欧盟自 2015 年开始，为跟踪其成员国各国人力资源状况，聚焦人的核心能力维度，分人群和职业角色（如消费者、教育者）开展了多方面的测评探究，

在其成员国的多个国家采用自评估方式调查得到数字技能指数，并将这一调查结果纳入欧洲数字经济与社会发展指数。又如联合国立足可持续发展，确立“达到最低限度水平数字素养技能的年轻人/成年人百分数”指标为其2030可持续发展目标内容之一，在联合国教科文组织制定的数字素养框架和测评建议中，重点对这一可持续发展目标内容的指标数据的获取进行密切关注。实际上，构建数字素养评价指标体系，其主要目的是为开展科学定量化测度，掌握当前我国公务人员数字素养与技能水平的实际状况，并以此为出发点，制订中国式现代化进程中公务人员数字素养提升计划，开展专项行动，着力于消弭数字鸿沟，做到“以评促用”“以评促建”“以评促强”，满足全面建成社会主义现代化强国的需求，实现经济社会高质量发展和人的全面发展，为实现中国式现代化夯实根基。基于此，本节从当前数字政府发展的阶段特征出发，结合前面章节探讨的公务人员数字素养概念与定义，从数字认知、数字技能、数字行政、数字治理等四个维度入手建立数字素养的测量框架，实施公务人员数字素养评价。从学理视角看，公务人员数字素养的评价模型在学理上应要满足：首先，数字素养的评价应立足数字政府发展现状，框定在数字素养界定的概念范畴内，所确立的评价指标与数字素养的核心内涵特征存在紧密关联；其次，脱离数字政府空间与应用场景则会损失测评内容的有效性，数字素养的评价应置于数字政府空间与场景，契合时代特征和本质要求，根据公务人员级别、工作岗位等特征的不同，选取评价指标的侧重点也会不同；再次，公务人员数字素养是一种动态的素养，数字素养不只是某一种特定技能，随着数字政府空间的改变对其素养会有新要求，过于具体的“技能清单”式量表容易陷入工具主义的桎梏，无法灵活应对经济社会数字化的快速发展和数字政府场景应用需求，应该用发展的眼光来看待数字素养；最后，除了技能素养外，公务人员数字素养评价还应包含公务人员对待技术在数字政府空间的态度和价值观等的评判，虽然它们不直接涉及技术，但所持的态度和价值观会影响公务人员在数字政府场景中对技术的应用。基于此，公务人员数字素养评价模型构建要遵循如下原则：

一是要遵循系统性原则。公务人员数字素养之间并不是割裂的，而是存在相互联系相互影响的关系。考虑到公务人员数字素养是与认知与知识、意识与思维、行为与规范高度相关的复杂特质，因此要用系统的方式，从不同维度系统、全面地阐述公务人员数字素养的关键特征与具体描述，以助力公务人员数字素养评价有逻辑、有层次地实施。可见，公务人员数字素养评价模型是一个系统，因而在构建时不仅要考虑到技术因素，还有公务人员心理、社会方面的因素也应该一并纳入。

二是要坚持动态开放性原则。在数字政府空间，公务人员即便是在同一岗位，都可能面临不同的数字政府场景，则对其数字素养的要求也不相同。随着数字政府发展变化，公务人员的数字素养的内涵也并非一成不变，因而，在不同的发展阶段，数字素养的内涵也会随之发生改变。因此，评价模型要兼顾公务人员数字素养的普及性、基础性特点，结合数字政府发展化转型对公务人员数字素养需求，不断予以适时的更新和调整，以准确反映不同时期公务人员数字素养的内涵。

三是要具有可操作性。数字鸿沟同样普遍存在于数字政府空间，如何识别政府数字空间存在的数字鸿沟，面向公务人员群体实施评估摸底，这需要研制在实践中具有可操作性的公务人员数字素养评估框架与指标体系。研制可操作的评价指标框架，有利于精准描绘因地域、经济社会发展、专业等要素造成公务人员数字素养在数字政府空间发展不平衡的现状，针对消除数字鸿沟而精准施策，提高公务人员数字素养与技能，有助于公务人员数字素养的量化评价。因此，公务人员数字素养评价模型构建要坚持清晰明确描述指标的含义，并在指标选择时要考虑代表指标的数据或信息是否容易收集，以确保对指标要素的收集能落到实处，客观地分析公务人员的数字素养水平。

四是要有利于素养提升。对公务人员数字素养评价的过程实际上是促进公务人员数字素养发展的过程，以评价促进公务人员数字素养的提升。在这个环节中，理应强调对公务人员数字素养评价对公务人员数字素养的发展性功能。实践中，要根据公务人员专业素养、学识认知、操作技能等不同背景与个性特征，关注和理解公务人员个体发展的需要，分析以及确定公务人员的数字素养与技能所在能力区，科学构建全面反映公务人员数字认知、数字技能、数字行政、数字治理等发展状况的评价指标框架。

三、公务人员数字素养评价模型构建

通过前面的讨论，构建包含数字认知、数字技能、数字行政、数字治理四位一体的环绕结构公务人员数字素养评价模型（如图 4 – 1 所示）。模型以公务人员数字素养为起点，内在逻辑以数字认知为能力基础、数字技能为应用表现、数字行政为行动指引、数字治理为目标导向。数字认知、数字技能、数字行政、数字治理四者之间相互关联、环绕、支撑和促进，共同构成数字素养与技能评价的四个基本内容。公务人员数字素养在数字认知、数字技能、数字行政、数字治理四个维度之下还存在延伸拓展空间。实际上，这种延伸拓展并不是从数字认知、数字技能、数字行政、数字治理四个维度开始，而应该是从公务人员数字素养这个基点开始，由中心不断向外扩大，每扩大一个外圈，对公务人员数字素养的描述进一步细化，代表对公务人员数字素养认识加深以及公务人员数字素养迭代发展。

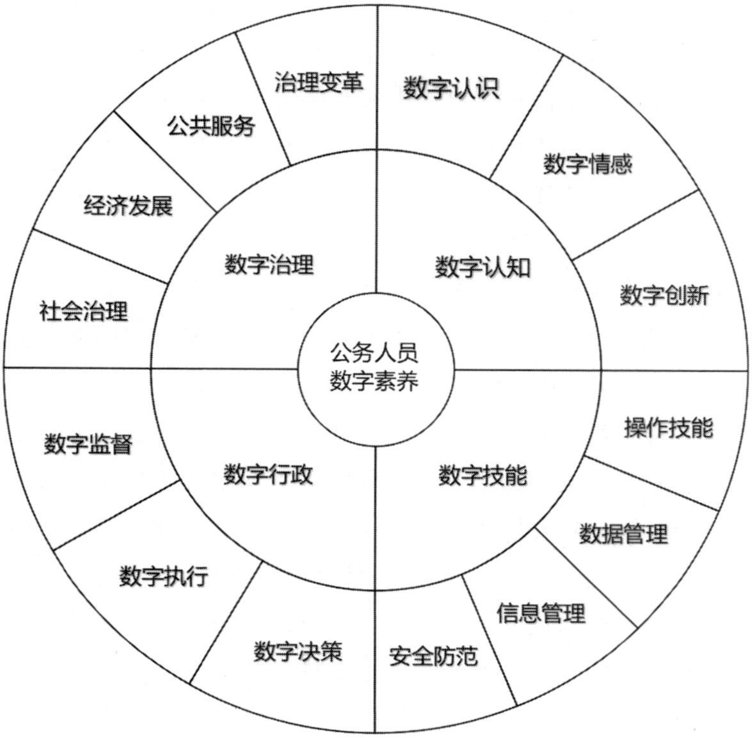

图 4 – 1　公务人员数字素养评价模型

数字认知是公务人员数字素养能力域的能力基础。在这个能力域中，公务人员理解和掌握的数字认识、持有的数字情感、具备的数字创新的程度往往作为最基础的测评指标出现。与此类似的是，当前的科学素质测评模型当中，所构建起的金字塔式测试模型，正是将科学知识作为该测试模型的底座。从前面的分析当中，还可以看到，联合国教科文组织发布的数字素养框架模型中，将设备与软件操作列入框架模型的首位，这是将设备与软件操作视为拓展数字素养与技术的前提。基于此，公务人员理解和掌握的数字认识、持有的数字情感、具备的数字创新适合作为数字素养与技能评价指标的根本基础。

数字技能是公务人员数字素养能力域在数字政府场景的应用表现。在这个能力域中，公务人员数字素养包含其操作技能、数据管理、信息管理、安全防范等能力。在数字政府场景，公务人员无论是实施行政决策，还是进行工作的执行，又或者是进行监督管理，所接触与应用到的数字工具、平台、系统等这些解决实际问题的途径都与数字技能相关。虽然我们将公务人员数字素养分为四个维度，但数字技能是公务人员整个数字素养评价中最为直接外显的评价内容。这一内容与公务人员在数字政府空间解决实际问题直接关联，是最为形象也是最易于理解的，因此，数字技能素养是公务人员数字素养评价模型指标体系的核心支撑部分。在公务人员数字素养能力域中，操作技能、数据管理、信息管理、安全防范等数字素养均涉及数字工具应用、平台操作、软件应用、数字安全等各类数字政府场景应用技能，同时包含知识学习、信息搜索、应用创新等通用的基础技能，并在公务人员数字行为之中体现。

数字行政是公务人员数字素养能力域在数字政府场景施展数字行政的行动指引。在此能力域中，公务人员数字素养涵盖数字决策、数字执行与数字监督等能力。公务人员数字素养在数字政府空间要发挥出对经济社会发展的正向促进作用，必须善用技术赋能于行政决策、执行与监督过程，充分而合理地使用技术达成政府目标。在行政决策中，基于技术参与的决策改变传统政府小数据决策方式，基于全样本数据的决策成为可能，行政决策变得更为科学合理。在行政执行中，越来越多的执行事宜基于治理平台而进行，统一的方式与模式减少了行政执行人为因素，使得行政执行标准化成为可能，行政执行效率也将有质的提升；在行政监督环节，基于技术的监督，摒弃了传统事后监督管理的监督范式，实现了监督与服务并举，寓管理于服务，以提前预防、超前预警为重点，前移监督关口，实现由事后监督向事前事中转变。

数字治理是公务人员数字素养能力域在数字政府场景实施数字治理的目标导向。在此能力域中，公务人员数字素养涵盖社会治理、数字经济发展、公共服务、治理变革等能力。数字政府建设的出发点和落脚点是满足人民对美好生活的向往，打造泛在可及、智慧便捷、公平普惠的数字化服务体系，让百姓少跑腿、数据多跑路。目标是行动的先导，数字治理指引公务人员充分而理性地认识和使用数字技术，直面人口规模巨大的现代化要求，把为民造福贯彻到数字政府建设的方方面面，把“为老百姓做了多少好事实事”作为检验数字政府建设政绩的最重要标准。在实践中，以数字化改革助力政府职能转变，发挥数字化在政府治理经济调节、市场监管、社会管理、公共服务、生态环境保护等方面职能的重要支撑作用，统筹推进治理变革，构建协同高效的政府数字化履职能力体系，推进国家治理体系和治理能力现代化。

第四节　公务人员数字素养评价体系构建

通过前节公务人员数字素养评价模型，公务人员数字素养应包含多向维度、多元因素和多重价值目标。因此，评价公务人员数字素养应当以此为出发点，在指标体系构建时紧密围绕多向维度、多元因素和多重价值目标，在评价时注重评价信息与数据的收集，以保障评价过程客观可靠。同时，对公务人员数字素养评价的目的是评价结果应用，因此，要从“评价模型—评价实施—结果运用”系统视角对评价体系构建进行考量。

一、公务人员数字素养评价指标选取

公务人员数字素养是一个体系，与之相关联的因素种类、数量繁多，各因素可从不同角度描述数字素养的特征，不同因素还可能同时描述同一

个特性的数字素养。因此，在指标选取上，公务人员数字素养评价指标必须以科学性、有效性和可行性为基本前提。本着以上原则，在公务人员数字素养评价指标设计时着重考虑指标的层级与数量、指标的导向性、指标的信息与数据可获取性、指标的可比性、指标的可延续性等因素，并对因素的关联性进行分析，合理恰当地选择评价指标。

在指标的层级与数量上，从公务人员数字素养评价模型中不难发现，随着公务人员数字素养从基点向外扩散，每增加一个层级（公务人员数字素养评价模型增加一个外圈），公务人员数字素养则更为细化与具体。显然，公务人员数字素养指标体系的层级与数量直接影响对其数字素养评价开展的难易程度以及评价结果的准确性。如果在确立指标体系时层级与指标数量偏少，评价过程虽然简单，但评价则会过于粗糙，且评价的操作性不强，结果可能与公务人员实际数字素养存在较大出入，合理性易引起争议；与此对应的是，如果评价指标层级与数量设置太多，虽然可以较为全面地反映出公务人员数字素养，但是过多的层级使得评价过于繁杂，同样给评价的操作带来不便，且会带来指标采集复杂，评估成本增大等不利影响。基于此，考虑公务人员数字素养丰富的概念内涵、其指标体系的数量规模、评价开展时相关信息、数据获取之间的关系、开展评价的难易程度、评价结果的精准性等要素，三个层级的公务人员数字素养评价指标体系能够较为科学合理地评价公务人员数字素养。因此，我们构建三级公务人员数字素养评价指标体系，具体指标数量以控制在25～35个为宜。

以评价结果促进公务人员数字素养提升是实施公务人员数字素养评价的目的之一。要实现这一目的，评价指标应具有这一导向。在评价指标构建时，选定的指标应当是有利于公务人员不断加强数字素养的知识学习、技能提升，有利于公务人员在数字政府空间与场景实施数字行政、数字治理，有利于在数字政府空间多元主体间提供更好的资源、平台，构建起数字治理生态，实现即“以评促建、以评促用、以评促强”。在数字时代，政府的职能随着技术的发展而发生变化，政府不再是政府空间的唯一主体，多元主体参与至政府空间，形成共建共治共享的政府新格局，并以数字政府链接公务人员与其他参与主体。因此，在数字政府空间，构建公务人员数字素养评价指标体系应首先抓住公务人员这一主体，以着力于推动促进公务人员数字素养的有效提高为行动导向，从公务人员数字素养这一基点出发，以增强公务人员数字认知、淬炼公务人员数字技能、强化公务人员数字行政能力、提升公务人员数字治理本领，以此强化公务人员数字素养，通过其数字素养的提升弥补数字政府空间与公务人员自身之间的数字鸿沟，从公务人员个体数字素养提升的单点发力促进公务人员群体数字素养的整体增强。

在指标的信息与数据可获取性上，如果构建的公务人员数字素养评估体系在实践操作中获取的信息或数据有限，或者信息或数据难以获得，则没有办法开展对公务人员数字素养的评估。因此，在确定公务人员数字素养评价指标时，要考虑指标的信息与数据是否可以获得、获得的难易程度、获得的成本等因素。值得庆幸的是，在政府数字空间，依托传统方式评价公务人员数字素养存在诸多困境，严重制约了公务人员数字素养评价的科学性与有效性，势必会导致公务人员数字素养提升严重受限，难以源源不断选拔、培养出真正堪当政府数字化改革重任的高素质公务人员。随着数字技术的嵌入，数字技术对公务人员数字素养评价产生的影响不仅是传统意义上的促进，更是一场具有颠覆性质的革命。这场革命并非对传统公务人员评价内容方向的绝对否定，而是一种基于数字技术突破对信息与数据获取的重大改造与重塑。显然，数字技术的嵌融，使得公务人员数字素养评价指标的信息与数据更容易获取，但也应看到，如果选取的指标不当，则可能使得信息与数据获取面临任务繁重失真、过程失当、结果不佳等一系列现实困境。基于此，公务人员数字素养评价指标选择时要用技术作支撑，科学合理地确定评价指标。

在指标的可比性上，评价公务人员数字素养的指标要具备可比性。在数字时代，数字素养早已成为一种基本素养，是这一时代应对数字化条件下的生产生活所必备的品质。对公务人员而言，在数字政府空间获取数字资源、操作数字平台、应用数字化工具等种种行动均与数字化、信息化息息相关，意味着公务人员的数字行动是建立在一定数字素养之上。实际上，公务人员在数字政府空间获取数字资源、操作数字平台、应用数字化工具等种种行动所基于的数字素养是一种共性的数字素养，这种数字素养表现为公务人员在数字政府场景所需要具备的种种品质。这种品质在数字认知中表现为公务人员的数字认识、对数字技术的情感态度以及其数字创新能力等；在数字技能中表现为公务人员对数字工具、平台、系统、数据等的操作应用水平，对数据资源开放共享的能力，对数字信息的管理能力；在数字行政上表现为公务人员在数字政府场景中数字行政、数字执行、数字监督的能力；在数字治理上表现为公务人员应用数字化开展社会治理、推动数字经济发展、实现公共服务均等化、推动治理变革的水平。这些素养是公务人员在数字政府空间个体所要具备的基本素养，指标的选取表征这些素养的特性，以对各个评估对象都具有普遍意义为前提，将具有描述共同特征能力的指标优先选入公务人员数字素养评价指标体系。

在指标的可延续性上，评价公务人员数字素养的指标需要具有可延续性。在数字政府空间，对公务人员数字素养的要求并不是一成不变，随着数字政府发展，公务人员数字素养的内涵也会随之变化。因此，对公务人员数字素养评价的指标，要与当前数字政府所处阶段相匹配，兼顾公务人员数字素养的普及性、基础性，结合数字政府发展阶段对公务人员数字素养的要求。如在数字认知中，数字技术的发展进步势必推动治理工具的发展进步，公务人员要用好数字治理工具，其知识素养、应用技能相应需要予以适时更新与调整。可见，公务人员数字素养提升过程实际是一个促进其数字素养发展的过程，而公务人员数字素养评价作为实现公务人员数字素养提升的一个重要环节，理应强调公务人员个体数字素养的可延续性。正因如此，将公务人员数字素养评价指标的选取置于当前数字政府的发展阶段，以公务人员在当前数字政府空间与场景需要为出发点，分析以及确定公务人员当前数字素养状况，选取反映公务人员数字认知、数字技能、数字行政、数字治理等发展状况的指标，以保障公务人员数字素养适应数字技术日新月异发展、数字政府未来发展，契合数字中国发展思路和建设内容的调整与完善。

二、公务人员数字素养评价指标体系构建

基于公务人员数字素养评价模型，从数字认知、数字技能、数字行政、数字治理 4 个维度，即 4 个一级指标来构建公务人员数字素养评价指标体系，如表 4 -1 所示。

表 4－1　公务人员数字素养评价指标体系

一级指标	二级指标	三级指标	编号	数据来源
数字认知	数字认识	技术知识	1	知识测试/问卷调查
		法规标准	2	知识测试/问卷调查
	数字情感	数字心理	3	大数据分析/问卷调查
		技术态度	4	大数据分析/问卷调查
	数字创新	技术创新	5	大数据分析/问卷调查
		应用创新	6	大数据分析/问卷调查
数字技能	操作技能	数字工具使用	7	操作考核/问卷调查
		设备与平台	8	操作考核/问卷调查
	数据管理	数据获取	9	大数据分析/问卷调查
		数据应用	10	大数据分析/问卷调查
	信息管理	信息获取	11	大数据分析/问卷调查
		信息应用	12	大数据分析/问卷调查
	安全防范	技术安全	13	大数据分析/问卷调查
		安全策略	14	大数据分析/问卷调查
数字行政	数字决策	信息数据	15	大数据分析/问卷调查
		决策制定	16	大数据分析/问卷调查
	数字执行	资源禀赋	17	大数据分析/问卷调查
		决策执行	18	大数据分析/问卷调查
	数字监督	内部监督	19	大数据分析/问卷调查
		外部监督	20	大数据分析/问卷调查
数字治理	社会治理	主体管理	21	大数据分析/问卷调查
		智慧治理	22	大数据分析/问卷调查
	经济发展	数字经济发展	23	大数据分析/问卷调查
		数字经济监管	24	大数据分析/问卷调查
	公共服务	服务精准化	25	大数据分析/问卷调查
		服务均等化	26	大数据分析/问卷调查
	治理变革	治理创新	27	大数据分析/问卷调查
		数字政府发展	28	大数据分析/问卷调查

如表4－1所示，二级指标包括数字认识、数字情感、数字创新、操作技能、数据管理、信息管理、安全防范、数字决策、数字执行、数字监督、社会治理、经济发展、公共服务、治理变革等14个指标。三级指标包括技术知识、法规标准，数字心理、技术态度，技术创新、应用创新，数字工具使用、设备与平台，数据获取、数据应用，信息获取、信息应用，技术安全、安全策略，信息数据、决策制定，资源禀赋、决策执行，内部监督、外部监督，应急管理、智慧治理，数字经济发展、数字经济监管，服务精准化、服务均等化，技术应用、数字政府发展等28个三级指标。

一级指标和二级指标、三级指标的指标释义分别见表4－2和表4－3。

表4－2 公务人员数字素养评价指标体系一级指标和二级指标释义

一级指标	一级指标释义	二级指标	二级指标释义
数字认知	公务人员对数字技术基础概念和事实的认识和理解，对数字技术所持有的情感与心理，在现有的认知上的创新发展	数字认识	公务人员对数字技术、法律法规、标准规范等知识掌握
		数字情感	公务人员对技术应用于数字政府空间所持有的心态、情感、态度等
		数字创新	公务人员在数字政府场景中对已有技术、法规、标准规范、应用等方面的创新应用
数字技能	公务人员具有的对数字工具、数字设备终端、网络、系统等的操作技能，对数据、信息资源的管理能力，对数字政府安全防范的能力，并应用于解决日常实际问题的能力	操作技能	公务人员利用数字工具、数字设备终端、网络、系统等完成数字空间场景任务的能力
		数据管理	公务人员应用数字技术提升政府效能，对数据的获取、共享、应用等方面的能力
		信息管理	公务人员应用数字技术提升政府效能，对数字政府空间信息的管理的能力
		安全防范	公务人员通过设备设施、安全策略等支撑数字政府安全的能力

（续表）

一级指标	一级指标释义	二级指标	二级指标释义
数字行政	公务人员在数字政府空间驱动数字资源和技术嵌入政府行政过程，应用数字技术进行数字化的决策、执行与监督，实现全面行政数字化	数字决策	公务人员在数字政府空间以数字技术赋能，作出科学决定的能力
		数字执行	公务人员在数字政府场景中以技术之能整合资源、增强合力，以持续推动提升数字政府执行效能，提高决策执行力的能力
		数字监督	公务人员在数字政府空间与场景中凭借数字技术在职权范围内对监督监管对象督查的能力
数字治理	公务人员在数字政府空间胜任数字化场景、目标与任务的能力，是其在数字政府空间解决数字治理问题，推动数字经济发展，确保公共服务供给与治理变革的保障	社会治理	公务人员在数字政府空间借助数字技术统筹社会主体与资源禀赋，进行智慧治理的能力
		经济发展	公务人员在数字政府空间内调控与发展数字经济，促进产业转型，实施宏观调控的能力
		公共服务	公务人员在数字政府空间回应市场、社会等主体价值诉求，提供精准化、均等化服务的能力
		治理变革	公务人员在数字政府空间与场景中在技术应用于治理，推动数字政府发展的能力

表 4－3　公务人员数字素养评价指标体系三级指标释义

一级指标	二级指标	三级指标	三级指标释义
数字认知	数字认识	技术知识	公务人员掌握的大数据、生成式人工智能、区块链、物联网、云计算、元宇宙等新一代信息技术相关知识
		法规标准	公务人员掌握的与数字政府、数字技术等相关的法律法规、制度政策、标准规范、技术规程等
	数字情感	数字心理	公务人员基于数字认识而形成的对数字政府及其数字要素的情感态度、价值观等
		技术态度	公务人员采纳与应用技术及工具，培养用技术与数据要素提升数字行政，实施数字治理的偏好
	数字创新	技术创新	公务人员对所掌握的支撑数字政府的新一代信息技术在数字政府空间或场景中的改进或创造
		应用创新	公务人员对在数字政府空间或场景中新一代信息技术的已有应用的改进或创造
数字技能	操作技能	数字工具使用	公务人员在数字政府空间与场景中善用数字工具解决数字行政与数字治理的技术能力
		设备与平台操作	公务人员在数字政府空间或场景中熟练使用各种设备设施、平台系统等的技术能力
	数据管理	数据获取	公务人员在数字政府空间或场景中善用数字决策与平台收集获取数字行政与数字治理等所需数据的能力
		数据应用	公务人员在数字政府空间或场景中实施数据共享，进行数据分析实现数据在行政与治理中应用的能力
	信息管理	信息获取	公务人员在数字政府空间或场景中获取数字行政与数字治理等所需信息的能力
		信息应用	公务人员在数字政府空间或场景中通过对信息应用，实现提升数字行政与治理效能的能力
	安全防范	技术安全	公务人员通过技术应用确保数字政府空间与场景安全的能力
		安全策略	公务人员在数字政府空间或场景中制定与执行安全制度，保障数字政府安全

（续表）

一级指标	二级指标	三级指标	三级指标释义
数字行政	数字决策	信息数据	公务人员收集、管理、应用数字决策所需信息数据的能力
		决策制定	公务人员通过客观数据信息分析掌控决策方向，提高决策精准性、预见性，以实施科学合理的决策的能力
	数字执行	资源禀赋	公务人员在数字政府空间或场景中调动、融合资源禀赋，支撑数字政府空间数字行政的能力
		决策执行	公务人员在数字政府空间或场景中善用资源禀赋，实现决策执行的能力
	数字监督	内部监督	具有监督职权的公务人员在数字政府空间以技术赋能于监督过程，实现对公务人员决策、执行及其权力的监督
		外部监督	具有监督职权的公务人员善用技术工具，通过外部主体实现对公务人员决策、执行及其权力的监督
数字治理	社会治理	主体管理	公务人员在共建、共治、共享理念下，对参与数字空间或场景的各主体进行管理的能力
		智慧治理	公务人员在数字政府或空间中，以技术之能实现精准预警、应急处置和协同联动，实现治理的预见性、精准性和智慧性
	经济发展	数字经济发展	公务人员推动数据要素流动共享、构建数据要素竞争机制，引导、促进和培育数字经济发展
		数字经济监管	公务人员以技术之能对数字经济全过程开展精准、智慧的监管活动，以促进数字经济发展
	公共服务	服务精准化	公务人员在数字政府场景中，以技术之能向服务对象提供精准化、个性化、便捷化的公共服务
		服务均等化	公务人员在数字政府场景中，以技术之能确保公共服务供给效率，实现公共服务均等化供给
	治理变革	治理创新	公务人员在数字政府空间或场景中，以技术之能实现对数字治理改进或创造
		数字政府发展	公务人员善用新一代信息技术在数字治理上的改进或创造，推动数字治理革新，进而推动数字政府发展

如表4－2所示，一级指标中，数字认知是指公务人员对数字技术基础概念和事实的认识和理解，对数字技术所持有的情感与心理，在现有的认知上的创新发展。数字认知进一步分解成数字认识、数字情感与数字创新。其中，数字认识是公务人员掌握的大数据、生成式人工智能、区块链、物联网、云计算、元宇宙等新一代信息技术相关知识；数字情感是公务人员对技术应用于数字政府空间所持有的心态、情感、态度等；数字创新是公务人员在数字政府场景中对已有技术、法规、标准规范、应用等方面的创新应用。

数字技能是公务人员具有的对数字工具、数字设备终端、网络、系统等的操作技能，对数据、信息资源的管理能力，对数字政府安全防范的能力，并应用于解决日常实际问题的能力。公务人员数字技能进一步分解为操作技能、数据管理、信息管理、安全防范等4个二级指标。其中，操作技能代表公务人员利用数字工具、数字设备终端、网络、系统等完成数字空间场景任务的能力；数据管理技能代表公务人员应用数字技术提升政府效能，对数据的获取、共享、应用等方面的能力；信息管理技能代表公务人员应用数字技术提升政府效能，对数字政府空间信息的管理的能力；安全防范技能代表公务人员通过设备设施、安全策略等支撑数字政府安全的能力。

数字行政是公务人员在数字政府空间驱动数字资源和技术嵌入政府行政过程，应用数字技术进行数字化的决策、执行与监督，实现全面行政数字化。公务人员数字行政技能进一步分解为数字决策、数字执行与数字监督3个二级指标。其中，数字决策是公务人员在数字政府空间以数字技术赋能，作出科学决定的能力；数字执行是公务人员在数字政府场景中以技术之能整合资源、增强合力，以持续推动提升数字政府执行效能，提高决策执行力的能力；数字监督是公务人员在数字政府空间与场景中凭借数字技术在职权范围内对监督监管对象督察的能力。

数字治理是公务人员在数字政府空间胜任数字化场景、目标与任务的能力，是其在数字政府空间解决数字治理问题，推动数字经济发展，确保公共服务供给与治理变革的保障。数字治理进一步分解为社会治理、经济发展、公共服务、治理变革4个二级指标。其中，社会治理是公务人员在数字政府空间借助数字技术统筹社会主体与资源禀赋，进行智慧治理的能力；经济发展是公务人员在数字政府空间内调控与发展数字经济，促进产业转型，实施宏观调控的能力；公共服务是公务人员在数字政府空间回应市场、社会等主体价值诉求，提供精准化、均等化服务的能力；治理变革是公务人员在数字政府空间与场景中在技术应用于治理，推动数字政府发展的能力。

如表4－3所示，对14个二级指标进一步分解，得到公务人员数字素养的28个三级指标。三级指标是对一级与二级指标的进一步细化，是公务人员在数字政府空间与场景中直接应用的知识、技能、工具、平台等。在这些指标中，对数字认知的3个二级指标进一步分解成技术知识、法规标准、数字心理、技术态度、技术创新、应用创新等6个三级指标。其中，技术知识是公务人员掌握的大数据、生成式人工智能、区块链、物联网、云计算、元宇宙等新一代信息技术相关知识；法规标准是公务人员掌握的与数字政府、数字技术等相关的法律法规、制度政策、标准规范、技术规程等；数字心理是公务人员基于数字认识而形成的对数字政府及其数字要素的情感态度、价值观等；技术态度是公务人员采纳与应用技术及工具，培养用技术与数据要素提升数字行政，实施数字治理的偏好；技术创新是公务人员对所掌握的支撑数字政府的新一代信息技术在数字政府空间或场景中的改进或创造；应用创新是公务人员对在数字政府空间或场景中新一代信息技术的已有应用的改进或创造。

数字技能的4个二级指标进一步分解成数字工具使用、设备与平台操作、数据获取、数据应用、信息获取、信息应用、技术安全、安全策略8个三级指标。其中，数字工具使用是公务人员在数字政府空间与场景中善用数字工具解决数字行政与数字治理的技术能力；设备与平台操作是公务人员在数字政府空间或场景中熟练使用各种设备设施、平台系统等的技术能力；数据获取是公务人员在数字政府空间或场景中善用数字决策与平台收集获取数字行政与数字治理等所需数据的能力；数据应用是公务人员在数字政府空间或场景中实施数据共享，进行数据分析实现数据在行政与治理中上应用的能力；信息获取是公务人员在数字政府空间或场景中获取数字行政与数字治理等所需信息的能力；信息应用是公务人员在数字政府空间或场景中通过对信息应用，实现提升数字行政与治理效能的能力；技术安全是公务人员通过技术应用确保数字政府空间与场景安全的能力；安全策略是公务人员在数字政府空间或场景中制定与执行安全制度，保障数字政府安全。

数字行政的3个二级指标进一步分解成信息数据、决策制定、资源禀赋、决策执行、内部监督、外部监督6个三级指标。其中，信息数据是公务人员收集、管理、应用数字决策所需信息数据的能力；决策制定是公务人员通过客观数据信息分析掌控决策方向，提高决策精准性、预见性，以实施科学合理的决策的能力；资源禀赋是公务人员在数字政府空间或场景中调动、融合资源禀赋，支撑数字政府空间数字行政的能力；决策执行是公务人员在数字政府空间或场景中善用资源禀赋，实现决策执行的能力；内部监督是具有监督职权的公务人员在数字政府空间以技术赋能于监督过程，实现对公务人员决策、执行及其权力的监督；外部监督是具有监督职权的公务人员善用技术工具，通过外部主体实现对公务人员决策、执行及其权力的监督。

数字治理4个二级指标进一步分解成主体管理、智慧治理、数字经济发展、数字经济监管、服务精准化、服务均等化、治理创新、数字政府发展8个三级指标。其中，主体管理是公务人员在共建、共治、共享理念下，对参与数字空间或场景的各主体进行管理的能力；智慧治理是公务人员在数字政府或空间中，以技术之能实现精准预警、应急处置和协同联动，实现治理的预见性、精准性和智慧性；数字经济发展是公务人员推动数据要素流动共享、构建数据要素竞争机制，引导、促进和培育数字经济发展；数字经济监管是公务人员以技术之能对数字经济全过程开展精准、智慧的监管活动，以促进数字经济发展；服务精准化是公务人员在数字政府场景中，以技术之能向服务对象提供精准化、个性化、便捷化的公共服务；服务均等化是公务人员在数字政府场景中，以技术之能确保公共服务供给效率，实现公共服务均等化供给；治理创新是公务人员在数字政府空间或场景中，以技术之能实现对数字治理改进或创造；数字政府发展是公务人员善用新一代信息技术在数字治理上的改进或创造，推动数字治理革新，进而推动数字政府发展。

三、公务人员数字素养评价指标权重及指标体系确立

公务人员数字素养评价体系确立公务人员数字素养的总体评估策略。这需要根据公务人员的特点和数字空间与场景对其数字素养的要求，进行充分理论研究和实施专家研讨，确定评估指标权重，形成公务人员数字素养评价体系。公务人员所处层级位置不同，对其数字素养考察的侧重点则不相同。要全面了解当前公务人员数字素养现状，需要根据不同层级岗位公务人员的特点，分别设置不同层级岗位公务人员数字素养评价指标的权重，即对公务人员数字素养评价指标赋权。

如上面的分析，不同层级岗位的公务人员在数字政府空间的权责和任务分工存在差异，这种客观存在的差异对公务人员数字素养的结构提出差别化的要求，因而有必要根据不同岗位的特点对公务人员数字素养赋予不同权重。从公务人员工作实际看，在数字认知、数字技能、数字行政与数字治理 4 个一级指标中，对单位主要负责人而言，具备良好数字认知与数字行政数字素养更有利于其对数字政府的促进作用；而对单位中层领导而言，对其数字认知与数字治理能力的要求较高；对基层公务人员而言，工作实际更多的是对其数字技能与数字行政方面的数字素养要求。基于此，对公务人员数字素养的评价，需要针对其所处不同层级岗位，对数字认知、数字技能、数字行政与数字治理配置相应权重，确保公务人员数字素养评价的合理性、科学性。

考虑公务人员数字素养评价的需要，结合公务人员评价特征，按照省部级、厅局级、县处级、乡科级分层方式，并根据新一代信息技术发展与数字政府建设趋势动态调整评价体系，分别设定不同层级公务人员数字素养的预期与要求，围绕各层级公务人员在数字认知、数字技能、数字行政与数字治理等方面的不同，对公务人员数字素养赋予不同权重，如表 4 – 4 所示。

表 4－4 公务人员数字素养评价指标体系权重

评估权重				评估指标		
省部级	厅局级	县处级	乡科级	一级指标	二级指标	三级指标
40%	30%	20%	10%	数字认知	数字认识	技术知识
						法规标准
					数字情感	数字心理
						技术态度
					数字创新	技术创新
						应用创新
10%	20%	20%	40%	数字技能	操作技能	数字工具使用
						设备与平台操作
					数据管理	数据获取
						数据应用
					信息管理	信息获取
						信息应用
					安全防范	技术安全
						安全策略
30%	20%	30%	10%	数字行政	数字决策	信息数据
						决策制定
					数字执行	资源禀赋
						决策执行
					数字监督	内部监督
						外部监督
20%	30%	30%	40%	数字治理	社会治理	主体管理
						智慧治理
					经济发展	数字经济发展
						数字经济监管
					公共服务	服务精准化
						服务均等化
					治理变革	治理创新
						数字政府发展

对省部级公务人员而言，其在数字政府空间与场景中数字素养预期重点是对数字认知、数字行政的整体把控能力。因此，对其数字认知、数字技能、数字行政、数字治理的配置比例分别设置为4∶1∶3∶2，体现出省部级公务人员在数字政府空间与治理场景中，要将更多的精力聚焦于数字认识、数字情感、数字创新、数字决策、数字执行、数字监督之上。这是因为省部级公务人员在数字政府空间与场景中是一个决策者，其数字认知结构、技术态度、创新能力、决策能力直接影响数字政府发展。

对厅局级公务人员而言，其在数字政府空间与场景中数字素养预期重点是对数字认知与数字治理的整体把控能力。因此，对其数字认知、数字技能、数字行政、数字治理的配置比例分别设置为3∶2∶2∶3，体现出厅局级公务人员在数字政府空间与治理场景中，要将更多的精力聚焦于数字认识、数字情感、数字创新、社会治理、经济发展、公共服务、治理变革之上。与省部级公务人员不同，厅局级公务人员在数字政府空间与场景中，不是一个完整的决策者，而是介于决策者与执行者之间的角色。

对县处级公务人员而言，其在数字政府空间与场景中数字素养预期重点是对数字行政、数字治理的整体把控能力。因此，对其数字认知、数字技能、数字行政、数字治理的配置比例分别设置为2∶2∶3∶3，体现出县处级公务人员在数字政府空间与治理场景中，要将更多的精力聚焦于数字决策、数字执行、数字监督、社会治理、经济发展、公共服务、治理变革之上。在整个行政体系中，县处级干部是高级干部与基层干部的桥梁，其在数字政府空间一方面要将上级的决策透明传达到基层，另一方面要将基层的诉求传递到高层。要达成这一目标，第一要求其数字素养是综合性的，并且，根据其岗位特点，还需要其在数字行政与数字治理上有较好表现。

对乡科级公务人员而言，其在数字政府空间与场景中数字素养预期重点是对数字技能和数字治理的整体把控能力。因此，对其数字认知、数字技能、数字行政、数字治理的配置比例分别设置为1∶4∶1∶4，体现出数字政府空间与治理场景中，要将更多的精力聚焦于操作技能、数据管理、信息管理、安全防范、社会治理、经济发展、公共服务、治理变革之中。乡科级领在数字政府空间与场景中，是一个执行者，对其在数字技能中的数字设备设施、工具平台操作使用、数据信息获取能力、安全的保障能力，在数字治理中对治理主体的管理、实施智慧治理、对数字经济发展与监管、以精准化服务保障公共服务均等化等方面的数字素养具有更高的预期。

第五节 公务人员数字素养精准化评价策略

对公务人员数字素养进行评价有助于准确把握公务人员数字素养发展现状及存在的问题，以便在数字政府空间与场景中根据公务人员数字素养的当前实际情况，在各级党校（行政学院）培训、在线学习等过程中嵌入新一代信息技术、数字经济、数字社会、数字政府等内容，引导公务人员运用网络了解民意、开展工作，提升学网、懂网、用网的能力，以全面提升公务人员数字素养，支撑数字政府发展。实际上，我国公务人员数字素养的提升任重而道远。为了全面、准确地评价公务人员数字素养，以促进公务人员数字素养提升，在实践工作中，还需要做一些努力。

一、技术赋能，理论分析和技术应用双向驱动

对于公务人员数字素养评价而言，以理论分析和技术应用双向驱动的评价范式越来越得到认可，在实践中需要强调综合理论分析和数据挖掘方法来获取在数字政府空间与场景中体现公务人员数字素养的证据，从而实现公务人员数字素养的全面精准评价。在这一评价范式中，理论和技术双向驱动的公务人员数字素养评价主要是在数字政府空间中将“自上而下”的理论驱动与“自下而上”的技术驱动相结合。

“自上而下”的理论驱动是指通过文献梳理、专家咨询等方式明确数字素养的评价指标和评价指标对应的公务人员具体表现，并基于此设计问卷或大数据分析的真实性任务和数据采集框架，从理论层面着手进行公务人员数字素养评价。例如，可以设计针对不同职位、年龄和地区的公务人员的问卷调查，了解他们在使用数字技术时的意识和能力水平，以及他们在数字化学习和创新方面的表现。

“自下而上”的技术驱动则包含以下关键步骤：首先，基于公务人员数字素养评价指标设计的任务和数据采集框架，创设线上任务，开展公务人

员数字素养评价。在实践应用上，可通过在线搜索特定内容、应用平台操作等简单应用情境任务，以考察公务人员的数字素养。此外，还可以实施数字化决策、监督、创新等以复杂问题解决为目标的探索性情境任务，以考察他们在这些任务中的表现。其次，利用机器学习、深度学习等数据挖掘方法挖掘公务人员完成真实性任务的行为表现数据，提取反映公务人员数字素养水平的证据。例如，可以通过数据分析来了解公务人员在数字化学习和创新方面的偏好和习惯，以及他们在解决问题时的效率和准确性。最后，基于大数据信息评价公务人员数字素养水平。通过数据挖掘过程中发现的公务人员数字素养的典型特征，可以优化公务人员数字素养评价指标。例如，可以根据数据分析结果来调整问卷调查或真实性任务的设计，以更好地反映公务人员的数字素养水平。通过理论和技术的迭代循环、双向驱动，可以有效解决公务人员数字素养评价中的问题，使公务人员数字素养评价更具科学性。同时，这种评价范式还可以促进公务人员之间的交流和合作，推动数字化时代的发展。

二、线上线下，大数据分析和问卷调查两法并用

在数字政府空间，测评公务人员的数字素养显得尤为重要。为了更加准确地评价公务人员的数字素养，我们需要秉承与时俱进的理念，在操作上善用大数据分析、线上问卷、线下调查等多种测评方式的集成组合，以求经济、科学、有效地测评公务人员的数字素养。

在构建公务人员数字素养评价指标体系时，需要明确评价指标的数据来源和获取方式。在本章的表 4 - 1 中，给出了公务人员数字素养评价指标的数据获得建议。其中，公务人员数字素养评价指标是通过问卷调查（含测评）和大数据分析两种途径获取测评所需的数据。在实践操作中，评价公务人员数字素养要根据不同指标属性，从数据可得性角度，选择问卷调查或大数据分析二者之一，也可以将二者结合使用。

问卷调查是一个在社会科学领域传统经典的评价方法，适用于社会科学研究中几乎所有指标，尤其是知识型和态度型指标数据获取。在公务人员数字素养评价时，要将构建的指标体系与问卷题目建立对应关系，通过对拟定群体的公务人员开展调查，从而得出统计意义上的公务人员数字素

养状况。需要注意的是，问卷题项设计应基于公务人员对数字政府空间与场景的知识理解和实际操作能力的客观体现，而非是公务人员自我评估，以便能更有效地反映公务人员的数字素养。

而大数据分析方法基于的是公务人员数字素养与其在数字政府空间与场景的行为之间的联系。借助数字政府强大的数据获取能力，加以大数据分析方法，从公务人员群体角度进行数据挖掘得到相关性的整体评价，实现数字政府空间范围评价覆盖，我们可以获取到公务人员在数字政府空间中的行为数据，从而了解他们在数字化学习、创新等方面的表现。

将问卷调查和大数据分析两种方法结合使用有利于优势互补，并可在一定范围内对公务人员数字素养评价加以验证。这种方法既考虑到了公务人员的自我评估，又考虑到了他们在数字政府空间中的实际行为表现，从而能够更加全面地评价公务人员的数字素养。

可见，构建公务人员数字素养评价指标体系和选择合适的测评方法是提高公务人员数字素养评价科学性和有效性的关键。通过综合运用问卷调查和大数据分析方法，我们可以形成一套完整的数字素养与技能评价方法体系，为公务人员数字素养评价奠定基础。同时，我们还需要不断探索新的评价方法和手段，以适应数字化时代的快速发展和变化。

三、素养导向，创设真实性问题情境

数字素养是公务人员在数字化学习、生活和工作情境中使用数字技术时表现出的综合素质与能力。随着数字化时代的到来，数字技术已经渗透到各个领域，公务人员也需要适应数字化的发展，具备相应的数字素养。因此，数字素养评价成为公务人员能力评价的重要组成部分。数字素养评价不能脱离真实的情境，只有通过真实的问题解决过程才能全面地评价公务人员的数字素养。这就需要创设具有真实性的问题情境，关注公务人员的真实生活和工作经验，设计符合他们实际情况和能力水平的任务。

在评价中，要根据省部级、厅局级、县处级、乡科级分层方式，不同职位、层级的公务人员，数字素养评价的任务设计也需要有所不同。例如，针对乡科级职位的公务人员，可以设计在线搜索政策解读、数字化办公等体验性的简单情境任务，以考察他们的数字意识、数字认知与技能、数据获取、数字安全、数字行政等数字素养。而对于高阶公务人员，可以设计数字化决策、数字化创新等以复杂问题解决为载体的探索性情境任务，以此激发他们积极运用数字化技术开展业务、管理和创新，同时考察他们的数字意识、计算思维等数字素养表现。

除了关注公务人员的个体表现，数字素养评价还需要考虑他们在数字政府空间中的协作和沟通能力。数字政府空间成员之间的数字化合作是数字化时代不可或缺的一部分，因此评价公务人员在数字政府空间中的协作能力也是非常重要的。例如，可以设计数字政府空间项目任务，让公务人员在数字政府空间中担任不同的角色，通过数字政府空间协作完成任务，以此考察他们的数字政府空间合作能力和沟通能力。此外，还需要对公务人员的创新能力进行考察。数字化时代要求公务人员具备创新思维和创新能力，能够灵活应对新问题和新挑战。因此，可以设计一些创新性的情境任务，如利用数字技术解决新问题、开展数字化创新项目等，以此考察公务人员的创新能力和创新意识。

总之，公务人员数字素养评价需要全面考虑数字化时代的要求和公务人员的实际需求，通过创设真实性问题情境，设计符合他们实际情况和能力水平的任务，全面地评价他们的数字素养和综合素质。同时还需要关注他们在数字政府空间中的协作和沟通能力以及创新能力的发展情况进行评价。只有这样才能够更好地提高公务人员的素质和能力水平，为数字化时代的发展做出更大的贡献。

四、关注过程，以数据赋能评价

随着数字政府建设的不断推进，公务人员数字素养水平直接关系到数字政府的发展和运行。因此，对公务人员的数字素养进行评价也显得尤为重要。当前对公务人员数字素养的评价，“数据”的作用日益凸显，逐渐成为评价公务人员的重要因素。

应当看到，当前的公务人员数字素养评价方法存在一些问题。首先，评价方式多为“结果性评价”，即通过标准化测试或自陈式量表等工具来评价公务人员的数字素养水平。这种评价方式存在一些缺陷，如评价结果效度低、解释力度不强等。其次，这种评价方式较少关注公务人员在数字素养评价过程中的真实表现，无法全面了解其数字素养水平。为了解决这些问题，我们应该充分发挥大数据、人工智能等技术优势，积极探索基于数据驱动的评价方法。具体而言，可以通过以下步骤实现：

第一，利用大数据技术，收集公务人员在日常工作、学习、生活中的多模态数据，如文本、图像、视频等。这些数据可以来自数字政府平台、社交媒体、个人信息等不同渠道。第二，利用人工智能技术，对收集到的数据进行处理和分析。例如，可以通过自然语言处理技术对文本数据进行情感分析、主题分析等，可以通过图像识别技术对图像数据进行分类、标注等，还可以通过数据挖掘技术对海量数据进行关联规则挖掘、聚类分析等。第三，根据处理和分析结果，构建公务人员数字素养的评价指标体系。评价指标应该包括信息获取能力、信息处理能力、信息安全意识、创新能力等多个方面，并且应该具有可操作性和可量化性。第四，结合过程性评价和结果性评价两种方式，对公务人员的数字素养进行评价。过程性评价主要关注公务人员在数字素养评价过程中的真实表现，包括完成任务的过程、沟通交流的能力等；结果性评价主要关注公务人员在数字素养评价结果上的表现，如工作效率、创新能力等。第五，将评价结果及时反馈给公务人员本人及其上级领导，以便其了解自身数字素养的优点和不足之处，并针对不足之处进行改进和提高。同时，也可以将评价结果用于数字政府的决策和管理中，以推动数字政府的发展和优化。

总之，公务人员数字素养评价是数字政府建设的重要组成部分，应该充分发挥大数据、人工智能等技术优势，建立科学、客观的评价体系和方法，全面了解公务人员的数字素养水平并促进其提高。对公务人员数字素养进行评价，将有助于推动数字政府的建设和发展，提高政府的服务质量和效率。

第五章

公务人员数字素养提升

当前，以ChatGPT为代表的人工智能技术加速创新，日益融入经济社会发展各领域全过程，给社会生产生活带来前所未有的影响。随着新技术的不断迭代发展，技术的潮流势必涌入政府空间，影响政府职能行使，驱动政府变革。众所周知，相比于传统政府形态，在数字时代，政府治理的环境和条件，市场主体和人民群众对政府履职的期望和要求，都发生了显著变化。为应对数字时代之挑战，我国以数字政府建设来应对技术潮流涌入带给政府的各类诉求，在数字政府空间与场景承担经济调节、市场监管、公共服务供给、社会治理、环境保护等政府职能，取得瞩目成绩。如在经济调节方面，数字经济已然成为我国经济发展的新动力。从2013年到2022年，我国数字经济规模从8.3万亿元增长到50.2万亿元，数字经济规模占GDP比重从4.4%增长到41.5%。十年来，中国网络基础设施实现跨越式提升，宽带网络平均下载速率提高近40倍，移动通信网络由3G演进到5G，并建成了全球最大规模5G网络。技术的嵌入，改变政府长久以来形成的传导机制和作用机理，通过数字政府建设，在数字政府场景为政府收集数据、研判走势、科学决策、制定政策等提供了新的支撑。

毫无疑问，公务人员是数字政府建设的主导者、推动者和践行者，是政府数字治理中不可或缺的主体，其数字素养势必是政府数字化转型的关键因素。在数字政府空间，公务人员数字素养是推动数字政府建设向纵深发展的重要支撑，更是贯彻落实网络强国、数字中国发展战略，促进全民共建共享数字化发展成果，进而推动经济高质量发展、社会高效能治理、人民高品质生活的重要举措。可见，提升公务人员数字素养与技能，是顺应数字政府发展要求，更是实现从网络大国迈向网络强国的必由之路，也是弥合数字鸿沟、促进共同富裕的关键举措。

围绕公务人员数字素养提升，本章从提升公务人员数字素养的意义出发，通过阐述提升公务人员数字素养的意义，分析公务人员数字素养提升面临的困境，提出提升公务人员数字素养的建议。

第一节 提升公务人员数字素养的意义

把新一代技术广泛应用于政府管理服务，推动政府数字化、智能化运行，为推进国家治理体系和治理能力现代化提供有力支撑是数字政府建设的战略目标。数字政府建设的关键之一就是要培养造就一大批数字意识强、善用数据、善治网络的干部队伍，为全面增强数字政府建设效能提供重要的人才保障。国家在提升全民数字素养与技能作出的安排部署中，对领导干部和公务员作了安排与强调，提出要着重提升数字治理能力的目标要求，引导领导干部和公务员提升数字化时代的履职能力，提升学网、懂网、用网的能力。习近平总书记十分重视公务人员数字素养的培养与提升，如在中共中央政治局第三十四次集体学习时强调，各级领导干部要提高数字经济思维能力和专业素质，增强发展数字经济本领，强化安全意识，推动数字经济更好服务和融入新发展格局。习近平总书记这一要求，从战略和全局出发明确了提升干部数字素养要从思维、技能、意识、应用等方面出发，对公务人员数字素养的提升具有重要指导意义。

一、提升公务人员数字素养是数字时代赋予的使命

在数字时代，公务人员数字素养是其素质与技能的重要组成部分，是推进数字政府建设，贯彻落实网络强国、数字中国发展战略，促进全民共建共享数字化发展成果，进而推动经济高质量发展、社会高效能治理、人民高品质生活的重要举措。立足当前，公务人员要担当数字时代使命，增强数字素养与技能，积极以数字政府建设推动数字中国发展，以数字中国发展促进中国式现代化实现。

公务人员数字素养是实现从网络大国迈向网络强国的关键。在数字政府空间，公务人员的数字素养是推动数字化发展的核心力量，更是实现社会高效能治理的重要保障。因此，只有具备对数字技术的深入理解和应用能力，才能更好地引导和推动数字政府的发展方向和速度。通过激发全民建设网络强国和数字中国的积极性、主动性、创造性，提升全民数字化适应力、胜任力、创造力，弥合数字鸿沟、促进共同富裕，促进全民共建共享数字化发展成果，实现网络强国建设。

公务人员数字素养是赋能政府数字化改革的重要一环。在数字时代，数字政府的建设形成新的政府空间，在数字政府空间，治理场景的内涵和外延都发生了巨大变化。这体现在，在共建共治共享的治理格局下，原本的治理对象广泛地参与到治理当中，形成新的治理与监督机制；此外，如前面的分析，现阶段推进数字政府进程中，数据开放共享、治理创新等方面尚存在不足，制约数字政府发展与数字治理实现。按照国家的战略规划，到 2025 年，全民数字化适应力、胜任力、创造力显著提升，全民数字素养与技能达到发达国家水平。作为数字政府建设的主导者、推动者和践行者，公务人员数字素养与技能提升时间紧迫、使命光荣，需要不断拓宽和运用数字化思维满足人民群众对数字政府空间治理场景的期待。

领导干部数字素养是数字时代数字政府空间与治理场景的重要变量。领导干部是党和国家事业发展的“关键少数”，作为数字政府、数字经济、数字社会、数字文化、数字生态建设发展的重要主体，紧抓“关键少数”，全面提升领导干部的数字素养与技能水平，强化数字化理念、深化数字化认知、用好数字化手段是持续稳步推进我国数字化改革的关键因素。实践中，要避免“木桶效应”，提升公务人员的现代化能力，要培养高水平信息化公务人员，强化善于获取数据、分析数据、运用数据的意识和能力，以数字化的思维准确识变、科学应变，带动全民数字素养与技能的提升，为我国数字化改革的全面建设发展提供内生动力。

二、提升公务人员数字素养是实现经济社会高质量发展的内在要求

提升公务人员数字素养是完善数字社会治理体系的核心要求。新一代

信息技术嵌融于社会治理，技术要素在数字政府场景广泛应用，推动社会治理范式的革新。当前，以数字化、智能化为特征的社会治理方式，对公务人员的数字领导力、数字决策力、数字执行力以及监督力等数字能力有了新的要求。打造新时代公务人员的数字领导力，提升其数字素养，要集中于知识认知、操作能力、数字行政以及数字治理等方面。在数字政府空间，智慧城市、数字乡村是政府实现治理的基本框架。在治理实践中，公务人员一方面需要把握技术规律，正确使用与引导技术赋能，营造良好的技术应用环境；另一方面，智慧城市、数字乡村的建设均离不开政府主导，而这些工作最终会落脚于公务人员，因此，公务人员需要分析智慧城市、数字乡村建设中的需求，进行顶层设计，提升技术保障。可见，公务人员数字素养的提升，将引导着数字政府发展，利于探究更科学合理的社会治理模式，组织形成更加完整的社会治理体系。

提升公务人员数字素养是推动数字经济加快发展的首要要求。在数字时代，经济的发展绕不开数字经济的贡献。在数字经济发展时，公务人员的数字素养是驾驭数字经济发展的核心要素，是引领数字经济发展的驱动力。公务人员在引领数字经济发展过程中，需要其对有关数据分析与解读，挖掘蕴含在数据资源中的信息，根据数据分析与解读结果判断经济发展趋势，制定符合经济发展规律的科学发展规划和合理的发展政策。此外，产业数字化是数字时代经济发展的必由之路，在实现产业转型过程中，需要公务人员能够综合应用技术方法与信息化手段，以系统、全局的方法和管理推动产业向数字化转型。公务人员是数字政府空间数字经济建设的管理者、决策者和执行者，在数字经济发展实践中需不断提高数字素养以满足经济社会发展的根本需求。

提升公务人员数字素养是科学应对风险挑战的现实要求。在政府数字空间，公务人员在数字治理场景，无论是实施决策，还是在执行治理事宜，又或者是实施监督，都会面临各种未知的、不确定性的风险挑战。数字政府空间存在的风险挑战是可控的，能够通过风险管理防范或化解风险。因此，公务人员在数字政府场景中，可借助于技术赋能风险管理，利用技术思维对数据进行深入分析、挖掘、研判，不断提高对技术管理风险的把握能力、对风险防范与化解的引导能力；通过提升对新一代信息技术管理风险的驾驭能力对工作中出现的风险因素进行管理，提高风险防范的保障能力；通过夯实公务人员在数字政府空间履职尽责的基础条件，打造数字政府空间需要的过硬本领；通过技术手段的应用提升风险管理的敏锐性和预见性，精准施策以应对风险挑战。

三、提升公务人员数字素养是促进中国式现代化建设的重要保障

信息化赋能中国式现代化，有利于推进基本公共服务实现均等化、促进数字经济和实体经济深度融合、提高全社会文明程度、大力推进生态文明建设、统筹发展和安全等，驱动引领中国式现代化发展。作为政府组织的微观构成，公务人员在中国式现代化进程中肩负着重要责任，担负着以信息化驱动引领中国式现代化的使命任务。如果公务人员信息化技能短缺，不知道、不熟悉和不擅长信息化，那么中国式现代化发展将可能裹足不前或收效甚微。

在服务巨大人口规模上，技术嵌入数字政府公共服务场景，需要公务人员发挥信息化技能予以保障。公务人员信息化技能是公务人员在政府空间运用信息技术顺利进行工作的技能。当前，公务人员的日常工作已离不开种类繁多的基础的信息工具和错综复杂的治理平台。与传统简单的计算机操作不同，在“万物皆可数字化”的时代，公务人员不仅要能够应用信息设备与平台对数据资源进行有效管理，还要能够应用政务服务平台、应用数据分析软件来提取所需的信息和知识，实现公共服务供给。如在公共服务供给上，人口规模巨大的现代化要面对巨大的人口规模所需要的庞大的基本公共服务体系与资源作为支撑，以满足人民日益增长的美好生活需要。实践中，教育、文化、医疗、社保等一系列公共服务供给存在的要素资源分配不合理，城乡区域发展不协调等供需失衡问题，严重制约当前我国“推进基本公共服务均等化”的现实需要，影响人民的获得感与幸福感。随着新一代信息技术的发展，技术嵌入公共服务体系，助力公共服务政策形成，服务网站、公众号、App 等形式多样的信息化服务载体，在防范基本公共服务“供给不足”和“供给过剩”中发挥重要作用，为“推进基本公共服务均等化”提供可能。在当前，出色的信息化技能是公务人员信息素

养赋能并推动中国式现代化发展必不可少的要素。可见，在中国式现代化进程中，掌握和应用信息化工具、设备设施，善用信息化平台和软件操作等信息化技能，是公务人员适应数字政府环境的基本技能要求，更是信息化驱动引领中国式现代化的保障。

在共同富裕的康庄大道上，全体人民共同富裕的现代化离不开数字经济的赋能，而数字经济赋能中国式现代化实现需要公务人员具备卓越的战略思维。此视角的战略思维是公务人员从战略层面充分考虑如何使信息技术在中国式现代化进程中发挥最大效能，真正有用。实践中，数字经济赋能中国式现代化要求公务人员具备高瞻远瞩、统揽全局的战略思维意识，充分发挥信息化对经济社会发展的驱动引领作用，“做大做强数字经济”，促进数字经济和实体经济深度融合。显然，卓越的战略思维是公务人员信息素养赋能数字经济发展的前提，更是推动实现全体人民共同富裕的现代化至关重要的要素。没有良好的战略思维，公务人员就不可能充分考虑信息化的赋能作用，并极易在实践中出现信息化赋能中国式现代化“无所不能”的盲目乐观或者是信息化“一无所能”的谨小慎微的极端观点。因此，公务人员只有在中国式现代化进程中具备正确的战略思维，才能得心应手地应对中国式现代化进程中复杂、多样、动态的发展环境。

在物质文明和精神文明协调发展上，公务人员是中国式现代化进程中的生力军，物质文明和精神文明相协调的现代化需要充分发挥公务人员的创新能力。信息化创新能力是公务人员对信息化本身或应用信息化手段对特定对象优化和改进的能力。新一轮信息革命带来物质富足的同时，精神富有并非同步增长，形态各异的消极心理已严重影响中国式现代化发展进程。如何应对只追求物质享受、低级趣味，又如何摆脱信仰动摇、价值观迷失、精神空虚，以实现物质文明和精神文明相协调，这既是对公务人员创新能力的要求，又是其在中国式现代化进程中创新的意义所在。公务人员只有在中国式现代化进程中立足物质文明和精神文明相协调，以人民需求为导向，勇于创新，厚植现代化的物质基础，用好信息化载体，倡导网络文明、数字文明，才能提高全社会文明程度，为物质文明和精神文明相协调的现代化创新活力。可见，信息化创新本领既是公务人员推进物质文明和精神文明相协调的现代化之保障，也是中国式现代化最深沉的资源禀赋，更是推动中国式现代化进程的原动力。

在人与自然和谐共生上，“像保护眼睛一样保护自然和生态环境”离不开信息化的支撑，需要公务人员发挥行政本领。行政本领是公务人员基于信息化技能与安全，善用战略思维与创新等能力，实施行政决策执行、监督管理等行政行为的能力。这要求公务人员善于借助和应用技术与资源，收集信息，进行科学决策；整合资源禀赋，提高决策执行；实施行政监督，防范化解风险。当前，我国数字政府建设已取得重大成就。在数字政府空间，公务人员一方面要借助信息设备与平台收集、下载、筛选、分析、整合数据信息，提取所需的信息和知识，以做出科学决策；另一方面要借助数字技术整合行政资源，优化组织结构，增强统筹协调，实现数据共享、信息融通，以提高决策执行；此外，还要善于借助信息技术和资源推动实现实时实效的行政监督。可见，公务人员信息化技能是数字政府空间行政决策、执行与监督职能落到实处的保证，优秀的信息化技能有益于公务人员凭借信息化资源与技术工具，开展科学决策执行、协调与沟通、监督与保障，为推进人与自然和谐共生的现代化添砖加瓦。

在走和平发展道路上，当前，世界百年变局与信息革命的时代潮流发生碰撞，传统安全与信息安全威胁相互影响，牵动全球安全格局加速演进。俄乌冲突爆发的信息战、网络战已经证明，信息与网络攻击不仅可与传统安全威胁一样攻击关键基础设施，还可以对国家金融、军工、能源、医疗等关键部门进行攻击。因此，守护信息化安全是走和平发展道路的现代化必由之路，需要公务人员具备杰出的信息化安全本领。信息化安全本领是公务人员确保各主体不因偶然和恶意的原因而遭到侵害、破坏的能力。信息化安全涉及国家、政府、个人，涵盖网络安全、信息安全、系统安全、内容安全等方面，面临物理侵入、数据泄露、隐私侵害、技术专制等风险，威胁中国式现代化发展。以信息化驱动中国式现代化，面临新颖且复杂的信息化安全风险。公务人员只有具备信息化安全本领，才能在实践中紧绷信息化安全这根弦，提升信息化安全本领，警惕和规避安全事件，守住安全底线，为走和平发展道路的现代化保驾护航。

第二节 公务人员数字素养提升面临的挑战与障碍

如前所述，公务人员数字素养提升已成为实现政府数字化转型的基础性条件。这就意味着，在数字政府、数字中国发展策略下，公务人员数字素养提升亟须提上日程。回望数字政府空间与场景中公务人员数字素养评价走过的理论实践之路，数字政府发展水平和实践成效尚有差距，公务人员数字素养提升还面临着一系列挑战和困难。

一、公务人员数字素养储备与需求差距大

在中国的信息化或数字化工程与项目中，一些地方政府在建设和管理方面缺乏顶层设计和资源统筹规划，导致了一种各自为政、各自为营的局面。这种分散的建设和管理方式导致了重复建设和资源浪费的现象严重，给数字素养的提升带来了很大的困难。

一方面，缺乏顶层设计与资源统筹规划使得各个部门和单位之间的信息孤岛现象严重。由于缺乏统一规划和协调，各部门各自为政，信息无法有效共享和整合。这不仅增加了沟通和协作的难度，也使得数字素养的提升变得更为困难。在缺乏顶层设计与资源统筹规划的情况下，数字化工程建设缺乏整体性和长远眼光。一些地方政府过于注重短期效益，而忽视了长期规划和社会效益。这导致数字化工程项目的建设和管理缺乏可持续性，也使得数字素养的提升无法得到充分的支持和保障。重复建设和资源浪费的现象也给数字素养的提升带来了很大的困扰。由于缺乏统一的标准和规范，一些地方政府在数字化工程建设中盲目跟风，重复建设现象严重。这不仅浪费了宝贵的资源，也使得数字素养的提升无法得到有效推动和促进。

另一方面，受制于年龄、专业、学习能力等要素，公务人员个体间数字素养差异也给数字素养的提升带来了很大的困扰。由于个体差异的存在，数字素养的提升在公务人员群体中存在很大的差异和不均衡现象。从顶层设计层面来看，我国尚没有一个明确针对公务人员群体的评估机制。尽管

有一些政策文件中涉及公务人员数字素养的评估，但这些评估散落于各政策文件之中，缺乏系统的规划和实施。针对公务人员群体评估机制的缺乏，使得对公务人员数字素养的了解和控制变得更为困难。无法制订有针对性的提升计划和措施，也加大了提升公务人员数字素养的难度。

公务人员数字素养储备与需求差距大的问题不仅仅体现在信息技术的应用能力上，还体现在物理连接、数字访问的可及性与可负担性方面。近年来，我国网络基础设施建设飞速发展，4G、5G 覆盖已经处于世界领先水平，网络基础设施覆盖及辐射了全国超 98% 的人口，这是一个非常了不起的成就。然而，由于我国地域辽阔、地形复杂，仍有 2% 的人无法接入网络，这意味着数字鸿沟仍未消除，农村及偏远地区信息基础设施落后的问题仍比较突出。

在物理连接方面，尽管我国网络基础设施建设已经取得了长足的进展，但是仍有一些地区因为地理环境恶劣、经济落后等原因无法接入网络。这些地区往往缺乏必要的网络设施和资源，无法满足人们对于信息的需求。同时，由于缺乏网络连接，公务人员也无法及时获取最新的政策和信息，无法有效地开展工作。

在数字访问的可及性与可负担性方面，城乡之间的差距也十分明显。城市地区的公务人员可以轻松地访问各种数字资源和服务，如网上办公系统、电子政务平台等。而在农村地区，由于经济落后、交通不便等原因，公务人员往往无法接触到这些数字资源和服务。此外，一些农村地区的网络覆盖范围也比较有限，导致公务人员无法及时获取最新的信息和政策。

这些因素都限制了基层公务人员数字素养的提升。由于无法接触到数字技术和信息，一些公务人员的数字素养水平非常低，甚至不具备基本的数字素养能力。这不仅影响了他们的工作效率和质量，也限制了他们的发展空间和机会。

二、数字意识缺乏、数字技能不足

数字意识缺乏、数字技能不足是数字政府空间公务人员数字素养提升面临的第二大挑战。不同层级、年龄、受教育程度不同，这就造成公务人员在理解数字资源和使用数字技术的广度和深度等方面均存在着巨大的差异。例如，一些公务人员可能更关注传统的政府管理方式，对数字政府的重要性认识不足，他们可能认为数字政府只是传统政府管理的数字化形式，而没有意识到数字政府对于提高政府效率、促进公民参与和推动经济发展等方面的重要作用；一些公务人员可能缺乏数字思维和技能，无法适应数字化时代的要求，他们可能不熟悉数字化技术、缺乏数据分析能力，无法有效地利用数字信息进行决策和规划；一些公务人员可能缺乏对数字化管理的了解，无法有效地管理和监督数字政府的发展，他们可能不知道如何利用数字化技术提高政府效率、推动数字化转型，以及如何应对数字化带来的挑战和风险；一些公务人员可能缺乏对数字化公民参与的认识，无法有效地与公民进行沟通和互动，他们可能不知道如何利用数字化平台提高公民参与度、增强公民的获得感和幸福感，以及如何应对数字化带来的社会问题。

随着数字经济的持续增长，在数字政府空间与场景对数字人才的需求也不断扩大，数字经济已经成为吸纳就业的重要渠道。2023 年，我国数字经济规模达 56.1 万亿元，占 GDP 的比重提升至 44%，数字经济成为当前“稳增长”“促转型”的重要引擎。数字经济作为全球经济增长的新引擎，正在以前所未有的速度向前发展。这种快速的发展不仅推动了传统产业的数字化转型，也催生了大量新的就业形态。这对公务人员数字素养提出了新要求，在数字政府空间与场景，无论是数字服务供给、市场监管，还是到平台使用、数据分析，都离不开具备专业素养的数字技能的人才。但随着数字经济的深化发展，在数字政府空间数字人才的培养速度并未能与之同步。数字人才的不足，一方面是由于教育和培训体系未能及时适应数字经济的需求，另一方面也反映了在数字政府空间公务人员数字素养中数字意识与情感的不足。这种状况如果不得到改善，将导致数字经济的持续发展软弱。

此外，在数字政府空间，相关部门开展的信息培训项目内容主要聚焦于传统的计算机技术或者电子政务的应用能力培训，如针对某一系统或平台而开展培训，这种培训往往是限于某一部门或系统的内部培训，针对某一技能点而进行。在数字政府空间缺乏完整的培训体系和框架，培训内容陈旧，在吸纳力、创新力方面的培训还远远不足，难以满足当前信息技术快速发展的需要和数字化转型的需求。究其原因，公务人员固有的数字素养对数字政府空间与场景职能转换及培训体系的认知滞后客观上映射出对数字意识感知度的忽略和漠视。

三、供需失衡，数字资源供给度不足

在数字政府空间与场景，数据要素被赋予了推动国家治理的新使命，将贯穿于人类经济社会活动和政府治理全过程，被视为数字化转型的动力源。作为数据要素的基本载体，数字资源的供给质量无疑会直接影响着数字素养的提升。[①] 立足于数字政府空间与场景现状，需求侧对数字资源有着高质量的需求，但是供给侧的供给却低效且劣质，两者之间存在尖锐的冲突。此外，数字资源的供给比较分散，数据资源的开放也不完全、不彻底。这些问题都叠加在一起，影响着数字资源的供给质量。

政府是社会数据资源的主要管理者，据统计，超过80%的数据资源由政府部门掌握。但是数量庞大的数据信息并不是掌握在某一个单一的政府部门手中，而是分散在不同层级的不同部门内部。受传统粗放式建设模式的影响，地方政府部门大都自行开发信息系统和数据中心，这些以不尽相同的方式建立的数据库之间，由于缺乏关联而呈现出分散化、不集中、断续而不连贯、静态数据多于动态数据等问题。即使在数字化转型处于前沿的地方建立了省级数据中心和共享机制，但由于部门划分、层级划分和区域分割，信息孤岛现象仍然普遍存在。这种信息分散和不连贯现象不仅存在于不同政府部门之间，也存在于不同地区和不同层级之间。这导致了数据资源的浪费和重复建设，同时也阻碍了政府部门的协同合作和社会数据的共享利用。

就公共服务数字资源供给而言，在数字政府空间与场景，政务系统的种类繁多且复杂，功能重叠，平台、系统、终端众多。由于人机交互设计

---

① 蒋敏娟，翟云．数字化转型背景下的公民数字素养：框架、挑战与应对方略［J］．电子政务，2022（1）：54－65．

的水平参差不齐，在数字政府场景中，无论是基层公务人员还是身处中层的公务人员都需要花费大量时间来学习和适应这些政务系统。不少政务 App 在开发时过度追求功能的丰富性，应用界面复杂、混乱，公务人员在数字政府治理场景中出现为完成工作而“找功能”，“找功能”的过程中感到困惑和不便。此外，很多地方的政务 App 沦为追赶潮流、宣传政绩的“形式主义”产物，要求公务人员完成指定工作任务、打卡，不仅没有实现数字政府场景应有的便利，反而增加了公务人员的负担和成本，在一定程度上阻碍了公务人员数字素养的提升。

此外，数据资源供给的低效还源于数据开放的不彻底、不完全、不统一。这体现在数据开放不彻底，一些地方政府在开放数据时，往往只开放了一部分数据，而不是全部数据的公开。这导致了数据开放的碎片化现象，使得数据无法得到充分的利用和共享。此外，有些地方政府的数据开放平台建设不够完善，缺乏统一的规划和标准，导致数据难以被机器理解和处理。数据开放不完全，一些地方政府在开放数据时，没有考虑到数据的隐私保护和安全问题。他们可能忽略了数据的授权使用和访问控制等关键环节，导致数据的泄露和滥用。同时，由于缺乏有效的监管机制，一些不良企业和个人可能会利用政府数据来谋取私利。数据开放不统一，不同地区和部门之间的数据格式、标准和规范存在差异，导致数据难以实现互联互通和共享。这种不统一不仅影响了数据的利用效率，也增加了数据治理的难度。因此，需要建立统一的数据标准和规范，促进数据的共享和流通。从各地的开放数据的实际情况来看，距离数据开放标准尚有不少距离，普遍存在数据质量不高、数据价值低、机读性差等问题，职能部门迫切需求的公安、交通、市场监管等实用性较强的公共数据开放程度不足。开放的数据不需要，需要的数据不开放。部分开放平台存在“有目录无数据”“有数据无价值”的情况，开放工作流于形式。

四、生态失序，数字环境保障度不足

数字生态是指在数字时代下，政府、企业和个人等社会经济主体通过数字化、信息化和智能化等技术相互连接、沟通和交易，形成了一个以数据为核心的经济社会生态系统，这一系统是围绕数据的流动循环相互作用的经济社会生态系统。应当看到，当前我国的数字生态存在很多问题，其中最为严重的是失序问题。在网络匿名保护下，网民的个性被扩大，角色被重新塑造。虚拟的网络空间使得很多行为可以逃避现有法律、规则和社会伦理的约束。比如，网络空间里谣言四起，虚假信息泛滥成灾，网络安全攻击和信息系统漏洞问题也频繁发生。此外，一些互联网平台为了获取更多利益，抱着钻法律政策空子、打擦边球的心态，滥用大数据算法，进行大数据杀熟。在网络空间，个人信息和数据泄露等现象屡有发生。这些行为不仅损害了用户的利益，也直接影响了数字生态的健康发展。在数字政府空间，如任其肆意发展，势必会造成数字生态的监管和管理失范，危害数据的隐私保护和安全，影响到正常的经济社会发展秩序。

大数据时代，数据已成为继土地、劳动力、资本、技术之后的第五大生产要素。① 数据安全直接关系到数字生态的长期发展和稳定，它不仅关乎个人隐私的保护，也关乎国家安全、经济发展和社会稳定。然而，目前我国在数据法律监管方面还存在一些问题。虽然当前已经出台了一些与数据相关的法律法规，但这些法规的执行力度和监管效果并不理想。一些企业和个人仍然存在侵犯个人隐私、滥用数据资源、侵犯知识产权等问题，这不仅给公民的合法权益带来威胁，也给数字生态的健康发展带来隐患。在制度规定方面，现有相关规定对数据安全、隐私保护等方面的规定还不够详细和具体，这使得企业和个人在处理数据时缺乏明确的指导和约束。围绕数据开展的所有权、使用权、收益权、知情权等方面的界定也比较模糊，导致数据权益的归属和使用存在不少争议和纠纷。更为严重的是，个人隐私数据被泄露、滥用、过度收集等风险在不断加大。一些不法分子利用网络漏洞和恶意软件，大肆窃取和滥用个人数据，给公民的隐私和财产安全带来严重威胁。这种现象的存在，不仅对公民的合法权益造成侵害，也给置身于数字政府空间的公务人员工作开展带来困扰。在几近失序和野蛮生

① 钟葳，梁丽芝，张运．基于用户技术接受模型的政府数据开放平台研究：以深圳政府数据开放平台为例［J］．湖南工业大学学报（社会科学版），2022，27（6）：47－54．

长的生态环境下，公务人员在数字政府空间面临对数据有效保护的挑战，但是，公务人员存在的对数字技术不熟悉、对数据安全意识不强的数字素养缺失，容易让数字政府空间与场景置于危险境地。数字环境保障力度不足，与之相适应的法律规范性文件相对较少，数字治理法制化建设亟待加强等要素在一定程度上阻碍公务人员数字素养提升。

第三节　公务人员数字素养提升的可行路径

提升公务人员数字素养，是顺应数字时代要求、匹配数字政府发展的需要。立足政府数字化转型背景，加快提升公务人员数字素养步伐从缩小数字鸿沟、建立培养体系、扩大资源供给、营造数字生态四个方面出发，做好“筑基、赋能、扩优、强治”四项工程，有效消解公务人员数字素养面临的风险挑战。

一、做好提升支撑工程

在数字政府空间，要筑牢公务人员数字素养之基。这就意味着，首先要优化政府在公务人员数字素养提升的配置战略发展资源，制定具体的、可衡量的、可实现的公务人员数字素养提升目标。在提升公务人员数字素养时，要明晰人事、组织、单位主体等相关部门责任，制定清晰的执行路线，配备充裕的资源禀赋。立足数字政府发展实际，尤为关键的是要缩小区域、部门间普遍存在的数字鸿沟，增强和提升数字访问的可及性。要以数字乡村、智慧城市等数字化建设为契机，继续推进数字化新型基础设施建设，尽快实现网络、系统、平台等全覆盖。网络、系统、平台等设施是实现数字化转型的基础，在以数字化为特征的数字政府空间加快数字访问的可及性是“数字革命”的内在要求，更是实现公务人员数字素养提升的前提。在实践中，要加快推进《提升全民数字素养与技能行动纲要》，落实《数字中国建设整体布局规划》工作，将公务人员数字素养建设融入信息化规划和数字中国建设重点工程，持续加大落后地区宽带网络和移动通信基站建设投入，打通网络基础设施的“最后一公里”，让网络、系统、平台等深入基层组织。在具体工作中，要树立共建共治共享意识，加强与各实施主体合作，加快乡村、社区等信息化基础设施建设进程，为居民、社区、工业园区以及无法访问网络的群体提供差异性的宽带项目，拓宽农村及偏远地区的网络覆盖范围，以实现数字基础设施建设，通过优化数字化应用的环境，为公务人员数字素养提升做好支撑保障。

数字化基础设施是促进公务人员数字素养提升的重要支撑。网络、硬件、软件和应用等数字化基础设施的发展为数字政府场景提供更加全面、便捷和高效的数字化服务，公务人员为更好适应数字政府场景，从而需要提升其数字素养。数字化基础设施的建设可以促进公务人员的数字化转型。数字化转型是当前社会发展的趋势，而数字化基础设施是实现数字化转型的基础。通过加强数字化基础设施建设，可以推动公务人员在工作中更加积极地应用数字化技术，提高工作效率和质量，同时也可以促进公务人员数字化思维和能力的提升。数字化基础设施可以提供更加全面和准确的数字化信息。数字化信息是公务人员决策的重要依据，而数字化基础设施是提供数字化信息的来源和基础。通过加强数字化基础设施建设，可以提供更加全面和准确的数字化信息，从而为公务人员的决策提供更加科学和有力的支持。由此，做好数字化基础设施的建设，将有利于缩小数字鸿沟，打牢筑基工程，为公务人员数字素养的提升提供良好支撑。

二、做好提升顶层设计

在数字政府空间，各主体的数字素养并不会随着各主体使用网络或者计算机而自动获得，于公务人员而言也是如此。因此，构建与公务人员数字素养的数字认知、数字技能、数字行政、数字治理相适应的培养体系框架，是在数字政府空间提高公务人员数字素养的主要载体。提升数字政府空间公务人员的数字素养需要多方面的努力和持续的学习与实践。要加强宣传教育，唤醒公务人员的数字觉醒，让公务人员意识到数字素养在数字政府场景中的重要性，鼓励公务人员自觉地接纳数字技术、应用数字技术。通过增强互联网思维、提高信息化应用能力、建立持续学习的机制、鼓励实践和应用以及培养数据安全意识等方面的工作，可以有效地提升公务人员的数字素养，更好地适应数字化时代的工作需求。

公务人员数字素养提升是一项系统工程，需要在顶层设计之下，在各方面下功夫。在实践中，要注意以下几个方面：

其一，要增强互联网思维能力。公务人员需要在互联网 +、大数据、云计算等数字技术发展的背景下，加强对数据重要性的认知，培养利用数据发现问题的敏感性，并主动从数据角度理解政务行为、感知社会变化。通过互联网技术对市场、用户、产品、企业价值链乃至对整个业内生态进行重新审视和思考，形成以互联网思维思考问题、以数据结果论证问题、以科学信息理论解决问题的数字化思维范式，突破物理空间、时间历程、专业领域等局限，感知数据的关键性作用。

其二，要提高信息化应用能力。可通过数字政府空间对技术的应用，引导公务人员在数字政府场景中使用数字化平台、系统，给公众服务带来新改变，通过平台、系统等发布数字治理的最新动态，使公众及时获得办理个人事务、参与公共事务的信息，并引导公众从线下活动转移到线上，用数字化手段解决公共服务供给难题，在应用实践中提升公务人员数字素养。公务人员要善于运用数字技术手段开展工作，不断提升履职和服务能力。主要体现在以下四个方面：一是数字化服务，即学会运用数字化推动工作的方式方法，运用数字化解决日常工作和业务活动中面临的痛点难点问题，提升为企业和群众服务的水平；二是数字化协作，学会使用数字技术互动、分享、参与、协作事务；三是数字化治理，学会用数字化手段感知社会态势、畅通沟通渠道、舆情应急处置、媒体应对、政民互动；四是数字化决策，学会利用数字技术手段提升决策能力和决策执行力的水平，大胆尝试运用数字化辅助科学决策。

其三，要建立持续学习的机制。持续学习的机制是提高公务人员数字技能的重要一环，组织定期的数字技能培训和研讨会，提升公务人员的数字技能水平。同时鼓励公务人员主动学习新的数字技能，如参加在线课程、阅读相关书籍等。通过明确学习目标、制订学习计划、利用培训和研讨会、提供在线课程和学习资源、建立学习小组和社群、提供导师进行指导、建立激励机制等举措，可以有效地推动公务人员持续学习数字技能，提升自身能力和素质。此外，要学以致用，鼓励公务人员在工作中运用数字技能，通过实践来提升技能。比如，使用数据分析工具进行决策，运用社交媒体平台进行公共关系管理等。

其四，要培养数据安全意识。培养数据安全意识是提高公务人员数字技能的重要组成部分。随着数字技能的提高，数据安全问题也日益重要。因此，需要培养公务人员的数据安全意识，如保护个人信息、防范网络攻击等。通过理解数据的重要性、了解常见的安全威胁、保护个人信息、防范网络攻击、遵守法律法规、建立安全意识文化、定期进行安全培训，以及建立应急响应计划等方面的举措，可以有效地提高公务人员的数据安全意识水平，确保公务人员在数字政府空间与应用场景中能够安全、有效地运用数字技能。

三、营造良好数字生态

营造提升公务人员数字素养的良好数字生态需要从规则制度、包容审慎原则和加强网络安全保护三个方面进行综合施策。通过建立政策引导、培训制度和激励机制等规则制度，坚持开放包容、风险评估和审慎推进等包容审慎原则，以及加强网络安全保护等措施的实施可以有效地提升公务人员的数字素养和能力水平，同时营造出良好的数字生态和推动社会的进步。

首先，建立健全数字素养提升的规则制度是营造良好数字生态的基础。营造良好的数字生态要规则先行，加快推动数字生态的制度建设，若没有从规则层面扎紧制度牢笼，则不利于数字生态的稳定和持续。在实践中，要实施政策引导，政府应出台相关政策，鼓励和引导公务人员提升数字素养。例如，可以设立数字素养提升的目标和计划，制定相关标准和评估指标，以及提供相应的资源和支持。要构建培训制度，组织应建立数字素养培训制度，规定公务人员必须参加的培训课程和时间要求。培训内容可以包括数据分析、云计算、人工智能等数字技能领域，以帮助公务人员更好地适应数字化时代的工作需求。要建立激励机制，鼓励公务人员主动学习和提升数字素养。例如，可以设立奖励制度，对在学习和实践中表现突出的公务人员进行表彰和奖励，以激励更多的人积极参与学习和实践。

其次，在提升公务人员数字素养的过程中，应坚持包容审慎的原则，即既要鼓励创新和探索，又要确保安全和稳定。在实践中，要开放包容，鼓励公务人员积极尝试使用新的数字技能，推动组织变革和创新。同时，要包容不同的观点和想法，营造开放包容的氛围。要实施风险评估，在推动数字化转型的过程中，进行全面的风险评估，识别可能出现的风险和挑战。针对可能出现的问题，采取相应的措施来应对，以防范和化解风险。要审慎推进，在推进数字化转型的过程中，应遵循审慎原则，确保每一步都经过充分的评估和验证。同时，要建立健全监督机制，对数字化转型的过程进行监督和评估。

最后，提升公务人员的数字素养，必须树立网络安全意识，加强网络安全保护，确保数据安全和隐私保护。在实践中，要通过培训和教育强化公务人员安全意识，让其能够在数字政府空间更好地保护个人和组织的数据安全。要建立健全安全防护体系，包括网络安全、数据保护、隐私保护等方面。同时，要定期进行安全漏洞扫描和修复，确保系统安全。要加强对网络安全领域的监管力度，打击网络犯罪和不良行为。同时，要建立健全相关的法律法规和标准体系，为网络安全保护提供法律保障。

四、强化优质数字资源供给

随着数字时代的不断发展变化，在数字政府空间，公务人员需要适应新的需求和发展趋势，不断完善和提升其数字素养，以更好地服务社会，推动经济社会发展进步。提升公务人员的数字素养需要优质的数字资源供给，包括但不限于在数字资源平台推进数字资源共建共享、加强数字资源的更新和维护等方面进行不断探索和创新。以下从建立数字资源平台、推进数字资源共建共享、加强数字资源的更新和维护三个方面，讨论以强化优质数字资源供给提升公务人员数字素养的策略。

其一，建立数字资源平台是提升公务人员数字素养的重要手段。数字资源平台不仅需要整合优质的数字资源，还需要提供方便快捷的获取方式，同时具备智能化的推荐功能，根据公务人员的学习需求和兴趣，推送相关的数字资源。在建立数字资源平台时，着重加强以下方面：一是要保障资源丰富性。平台应包含各类数字资源，如政策法规、研究报告、数据分析案例等，以满足公务人员多样化的学习需求。二是要强化交互性、易用性。平台应具备简单易用的界面和操作方式，方便公务人员快速查找和获取所需的数字资源。三是平台要具备智能性。通过大数据分析和人工智能技术，平台可以自动推送与公务人员工作相关的数字资源，提高他们的学习效率。通过建立数字资源平台，公务人员可以更加便捷地获取数字资源，提高他们的学习效果和学习动力，从而提升数字素养。

其二，推进数字资源共建共享是提升公务人员数字素养的有效途径。政府部门、高校、研究机构等应共同参与数字资源的建设和共享，避免重复建设和资源浪费。同时，应建立数字资源共建共享的机制和标准，确保数字资源的质量和可持续性。在推进数字资源共建共享时，着重加强以下方面：一是建立合作机制。政府部门应与高校、研究机构等建立合作关系，共同参与数字资源的建设和共享，同时应明确各自的责任和义务，确保合作的有效性和可持续性。二是注意资源整合。在共建共享的过程中，需要整合各类数字资源，包括政策法规、研究报告、数据分析案例等，形成系统化的数字资源库，方便公务人员查询和使用。三是标准统一。为了确保数字资源的可读性和可利用性，需要建立统一的数字资源标准和质量管理体系，规范数字资源的格式和质量，保证措施促进数字资源的多部门共享，避免重复开发和资源浪费。通过共建共享可以扩大公务人员的数字资源获取范围，提高他们的学习效果和学习动力，同时也可以促进不同机构之间的交流和合作，提升整个社会的数字素养水平。

其三，加强数字资源的更新和维护是提升公务人员数字素养的重要保障。政府部门应定期更新数字资源，确保其时效性和准确性，同时应建立数字资源的维护机制，及时发现和解决数字资源使用中的问题。通过更新和维护可以保证数字资源的持续性和可用性，为公务人员提供更好的学习支持，具体而言可以从以下几个方面加强数字资源的更新和维护：一是要定期更新。政府部门应定期更新数字资源，确保其时效性和准确性，对于过时或失效的资源应及时进行替换或删除，以保证资源的可用性和可靠性。二是要质量把关。建立数字资源的质量控制体系，对所有资源进行严格的质量把关，保证其准确性和可靠性。同时应建立反馈机制，鼓励公务人员对数字资源提出意见和建议，以便及时进行修正和完善。三是要及时响应。对于公务人员在使用过程中遇到的问题或反馈，应及时响应并尽快解决或回应。对于常见问题，提高响应速度和效率，可以提高公务人员对数字资源的满意度和使用率，从而提升他们的数字素养水平。基于此，加强数字资源的更新和维护，可以保障公务人员获取的数字资源的质量和可靠性，提高他们的学习效果和学习动力，从而提升他们的数字素养水平，推动政府数字化转型、提高政府服务效率、增强政府治理能力，同时也可以为全民数字素养提升提供借鉴和参考作用。

第六章

数字素养驱动数字政府发展的机理

国家的部署，构建出以数字化驱动的现代化经济体系、社会治理体系和经济社会发展支撑体系，明确了推进数字政府建设的基本方向和具体行动方案，成为数字政府发展的战略方向和重要内容。推进数字政府建设是适应新一轮科技革命和产业变革趋势、引领驱动数字经济发展和数字社会建设、营造良好数字生态、加快数字化发展的必然要求，是建设网络强国、数字中国的基础性和先导性工程，是创新政府治理理念和方式、形成数字治理新格局、推进国家治理体系和治理能力现代化的重要举措，对加快转变政府职能、建设法治政府、廉洁政府和服务型政府意义重大。

在当前，推进数字政府建设依赖于相关主体对其所在领域数字化实践的深度参与，将数字技术与社会生产、生活、生态、治理等多领域全方位融合，这无疑对相关主体的数字素养提出了要求。公务人员是当前主导“推进数字政府建设”的主体，其数字素养事关在数字政府空间参与数字治理实践的积极性、主动性和创造性，是驱动数字政府全面发展的重要能动性因素，直接影响“推进数字政府建设”成效。然而，现有数字政府发展的支持政策多强调从供给侧层面加强新型基础设施建设，推进大数据、物联网、区块链、人工智能等数字技术在社会治理、公共服务供给等领域的创新性应用，而对公务人员数字素养的培育及其在数字政府发展中的作用不够重视。随着新一代信息基础设施建设的持续改善，数字鸿沟问题发生了新变化，从接入机会差距转变成使用能力差距。而与此相矛盾的是，当前提升公务人员数字素养的方式难以批量培育出推进数字政府建设所需的人才，致使数字政府建设缺乏重要的人力资源基础。

可见，现阶段系统探究公务人员数字素养的培育及其对数字政府发展的作用机理，对于加快建立完善契合数字政府实际需求的数字素养教育体系，缩小数字鸿沟，形成供给侧和需求侧政策实践的合力，提升公务人员数字素养水平，促进更多公务人员共享数字经济发展红利等方面显得十分必要和迫切。

第一节　发展现状与形势

当前，以物联网、大数据、人工智能等为代表的新一代信息技术已经逐渐融入人类生活的各个领域，与之相应的理念也深刻地改变了国家、政府、社会的治理方式，同时为基层社会治理提供了可视化和数字化条件，实现了对基层所提供数据进行精确的核算和监督，为社会资源的公平分配提供了可能。[①] 社会治理是国家治理的基石，党的二十大提出加快网络强国、数字中国建设，健全共建共治共享的社会治理制度，提升社会治理效能。贯彻落实党中央、国务院的决策部署，大力推动数字中国、数字政府建设，推进大数据与经济社会深度融合，可促进社会治理能力、水平不断提升，引领经济社会发展。

在提升社会治理效能上，大数据、人工智能等新一代信息技术应用于治理实践，在完善网格化管理，实现精细化服务以及为社会治理提供数字化支撑等方面做出亮眼的成绩。如前所述，新一代信息技术越来越广泛应用于政府管理和公共服务，并对政府结构、过程和绩效产生持久而深远的影响。在这一背景下，党中央、国务院从推进国家治理体系和治理能力现代化全局出发，准确把握全球数字化、网络化、智能化发展趋势和特点，围绕实施网络强国战略、大数据战略、数字中国战略等作出了一系列重大部署，配合政府业务信息化和“放管服”改革，在数字政府建设方面取得

① 韩春梅，李侠，张玉琢．农村基层治理的技术契合与创新进路［J］．重庆大学学报（社会科学版），2023，29（1）：278－290.

了积极进展。①

国家的战略部署，以推动经济社会全方位数字化转型为主线，以改革创新为根本动力，着力提升数字技术创新能力，着力加快培育数据要素市场，着力建设新型数字基础设施，着力发展壮大数字经济规模，着力深化数字惠民便民应用，着力促进区域信息化协同融合，着力保障网络空间发展安全，努力打造创新活跃、数据共享、产业高端、服务优质、治理高效、运行安全的信息化发展新格局，为数字政府建设提供强大动力。

与此同时，数字政府建设仍存在一些突出问题，如大数据契合社会治理是治理的革新，将形成有异于传统科层制管理的数字化治理新范式，无论是政府或其部门，又或是公务人员群体，对大数据与社会治理的认识水平和重视程度有待深化，数字化领导力有待提升，支撑信息化发展的领军型、复合型人才队伍建设亟待加强；如在共建共治共享的治理逻辑下，企业、社会组织和公民群体等主体参与社会治理，实施的治理主体不再是原来的政府部门独家，而是多治理主体的共同治理，各治理主体间的关系模糊，统筹协调机制不完善、部门权责不清晰、管理体系不健全等问题亟须解决；如社会治理主体多元化，各治理主体在治理过程中的追求各不相同，竞争或合作等关系比较复杂，导致跨部门数据渠道不畅通、共享整合不到位、数据开放开发不充分，数字便民惠民作用难以有效发挥。数字化治理范式下的社会治理是一项系统工程，需要综合技术，运用多种手段，利用各种资源以实现治理的创新，但从治理实践效果看，在关键核心技术、成果转化存在一定差距，数字经济规模和质量有待提升，大数据在社会治理、民生服务等领域的融合应用有待深化。可见，顶层设计不足，体制机制不够健全，创新应用能力不强，数据壁垒依然存在，网络安全保障体系还有不少突出短板，干部队伍数字意识有待强化和数字素养有待提升，政府治理数字化水平与国家治理现代化要求还存在较大差距是当前数字政府建设亟待解决的难题。

我国已经开启全面建设社会主义现代化国家的新征程，推进国家治理

---

① 胡仙芝．加强数字政府建设，促进政府治理现代化［J］．中国发展观察，2022（7）：10－14．

体系和治理能力现代化、适应人民日益增长的美好生活需要，对数字政府建设提出了新的更高要求。立足当前，以数字经济为代表的技术创新和管理创新发展迅速，对政府的数字化转型与治理创新提出了新的要求，故应充分释放数字化发展红利，进一步加大改革创新力度，全面开创数字政府建设新局面。① 因此，只有辩证认识和把握新一代信息技术发展大势，深刻理解“没有信息化就没有现代化”，综合大数据技术，运用多种手段，利用各种资源，加强系统谋划和前瞻布局，奋力擘画数字治理新蓝图，才能谱写数字中国新篇章。

第二节　数字化是社会治理的现实之需

以社会治理现代化夯实“中国之治”的基石，完善社会治理体系，提升社会治理效能是党的二十大对社会治理的重大决策部署。党的十八大以来，习近平总书记立足信息化发展大势和国内国际大局，明确提出“没有信息化就没有现代化”“以信息化驱动现代化”等重大论断，深刻论述了信息化与中国式现代化的一系列重大理论和实践问题，深刻阐明了信息化在社会主义现代化建设全局中的重要地位和作用。随着以互联网、大数据、人工智能等数字技术的发展进步，数字技术在社会治理效能提升的优势驱使社会治理体制变革，形成新的国家治理体系。在新时代，将数字技术为代表的新一代信息技术契合到社会治理，是提升社会治理效能、推进国家治理体系和治理能力现代化的现实需要。在数字技术的加持下，数据赋能政务服务的解决方案亮点频出，社会治理变得更加便捷高效，人民群众的幸福感不断提升，以大数据提升社会治理效能是新时代的不二之选。

一、社会治理现代化需要数字化的参与

数字中国、数字政府、数字乡村等数字化建设，拓展医疗、教育、社

---

① 陈罗琦．数字政府建设促进区域创新能力发展的实证分析［J］．中阿科技论坛（中英文），2023（2）：22－27.

保、就业、养老服务、企业服务等数字惠民服务、应用，为社会治理现代化奠定坚实基础。从社会治理视角看，一方面，在全面落实“基本公共服务均等化”的总体要求之下，无论是向治理对象提供公共设施，还是落实教育、社保、就业、养老服务、企业服务等公共服务，都需要对有关信息进行采集，生成数据，并对数据信息进行分析处理，挖掘出提供均等公共服务所需要的信息，以此来判断服务的有效性，达成预期。另一方面，以数字技术为代表的新一代信息技术的发展应用驱动了社会的进步，提升了治理对象对社会治理的预期，其对参与社会治理的意愿发生改变，希望从不同角度参与到治理当中。治理对象参与到治理当中，需要治理主体提供合适的平台，以引导治理对象，发挥其在治理过程中的积极作用。而基于数字技术为代表的新一代信息技术及其应用构筑的信息平台，无论是收集信息数据、分析治理对象需求，还是引导治理对象的参与性与参与度，与传统治理方法相比，都具有明显优势。

二、完善社会治理体系需要数字化的加持

数字技术为代表的新一代信息技术正爆发式地融入经济社会发展的方方面面，在数字技术的驱动与加持下，数字政府应运而生。在数字政府时代，无论是基于物联网技术所实现的对物的监管，还是基于大数据技术所实现的预测，皆可实现社会治理从当前的事后治理模式转向事前预防性治理。基于数字技术为代表的新一代信息技术的应用，通过数据采集、加工、挖掘，可以对治理对象未来的行为方式进行预测，以提前介入方式进行事前的疏导和事中控制。事前疏导和事中控制是通过以数字技术为代表的新一代信息技术及时掌握治理对象在治理过程中对治理的期望值，以此向实施社会治理的治理主体提供精准的治理对策。这一治理方式，有利于治理主体精准开展治理，向治理对象提供针对性强、科学化和个性化的服务，在源头上处理问题，实现事前的疏导。此外，治理主体在实施社会治理过程中，在开展具体工作时通过前期和治理过程中的数据信息，研判工作中存在的问题与未来可能产生的情况，并针对工作所具有的这些风险，提前做出风险防范与化解的方案，从而达到治理过程中的风险在事前得到控制的目的，在事中按照处置方案应对，以确保治理的具体工作高能高效。

三、提升社会治理效能离不开数字化的支撑

如前面的讨论，提升社会治理效能是党的二十大对社会治理的重大决策部署。在提升社会治理效能上，党委政府深化“放管服”改革、转变政府职能，让数据多跑路，让办事群众少跑腿。如何贯彻落实党中央的重大决策部署，达成提升社会治理效能目标，已成为社会治理的一种迫切需要。以数字技术为代表的新一代信息技术正在为社会治理提供一个全新的平台，在这一平台之下搭建的各类“数据 + 服务项目”正在满足社会治理的现实需要。它打破了原有的数据壁垒，形成了党委政府统领、各方主体参与的新的治理格局。在这一格局之下，党委政府与各参与主体之间获取信息的能力得以增强，信息差越来越小，其他治理主体参与到社会治理的程度更高，参与渠道更宽，各参与主体在治理过程中的关系由原来的对立趋于合作，地位由原来的管理与被管理的关系趋于平等，治理的形式由单向的开展转变至管理与监督并存，治理对象接受治理的同时对治理实施监督。当前，基层医疗、教育、养老、民政、基层设施、公共投入等方面的数据收集已变得容易，数据量不断积累，开展社会治理的数据支撑已经形成。新一代信息技术开展社会治理，一方面可以促进数据收集，以形成全样本的各类数据库；另一方面通过对数据的挖掘，明晰社会治理各类治理事宜的内在联系与客观规律，为治理过程中的决策提供更加科学的决策依据。

第三节　数字政府系统的构建及特征阐释

一、数字政府系统的构建

国务院《关于加强数字政府建设的指导意见》确立了数字政府发展的两个阶段，并为每个阶段确定了发展的主要目标。在第一阶段，发展的主要目标是：到 2025 年，与政府治理能力现代化相适应的数字政府顶层设计更加完善、统筹协调机制更加健全，政府数字化履职能力、安全保障、制度规则、数据资源、平台支撑等数字政府体系框架基本形成，政府履职数

字化、智能化水平显著提升，政府决策科学化、社会治理精准化、公共服务高效化取得重要进展，数字政府建设在服务党和国家重大战略、促进经济社会高质量发展、建设人民满意的服务型政府等方面发挥重要作用。在第二阶段，发展的主要目标是：到2035年，与国家治理体系和治理能力现代化相适应的数字政府体系框架更加成熟完备，整体协同、敏捷高效、智能精准、开放透明、公平普惠的数字政府基本建成，为基本实现社会主义现代化提供有力支撑。立足两个阶段数字政府建设所覆盖的主要领域和重点发展方向，以“与国家治理体系和治理能力现代化相适应”为数字政府发展导向。以下从制度规则、安全保障、数据资源、平台支撑、履职能力五个体系架构数字政府系统。

1. 构建科学规范的数字政府建设制度规则体系

制度规则是保障数字政府建设和运行整体协同、智能高效、平稳有序，实现政府治理方式变革和治理能力提升的重要支撑。数字政府制度规则构建需要重点突出标准规范、法律法规制度、数字政府建设管理机制、试点与政府职能转变等方面。

标准规范上，加强数据开发利用、共性办公应用、关键政务应用、系统整合共享等标准规范的制定与推广，为科学规范的数字政府建设规则体系构建奠定重要基础。设立全国数字政府标准化技术组织，建立评估验证机制，完善已有关键标准，加大数字政府标准推广执行力度，推动构建多维标准规范体系，以标准化促进数字政府建设规范化。

法律法规制度是依法依规推进技术应用、流程优化和制度创新，消除技术歧视，保障个人隐私，维护市场主体和人民群众利益的重要保障。加快完善与数字政府建设相适应的法律法规框架体系，持续抓好现行法律法规贯彻落实，将经过实践检验行之有效的做法及时上升为制度规范，推动及时修订和清理现行法律法规中与数字政府建设不相适应的条款，细化完善配套措施，确保相关规定落到实处、取得实效。

数字政府建设管理机制是政府及其部门规范有序运用新技术手段赋能管理服务的重要依托。创新与健全数字政府建设管理机制，推进建设管理模式创新，鼓励探索建设管理新模式，加大数字政府建设资金、技术、人才等方面保障，扩大数字基础设施覆盖范围，优化数字公共产品供给，加强审计监督，避免分散建设、重复建设，推动多方力量参与数字政府建设，切实提高数字政府建设成效。

试点与政府职能转变上，围绕重点领域、关键环节、共性需求等有序开展试点示范，以数字化改革助力试点与政府职能转变。科学把握时序、节奏和步骤，聚焦改革举措，探索开展改革试点，推动创新试点工作总体可控、走深走实，为国家战略实施创造良好条件。以数字政府建设支撑政府职能加快转变，健全完善与数字化发展相适应的政府职责体系，推进体制机制改革与数字技术应用深度融合，推动政府运行更加协同高效，强化数字经济、数字社会、数字和网络空间等治理能力，以全国一体化政务服务平台实现政务服务标准化、规范化、便利化。

2. 构建数字政府全方位安全保障体系

发展和安全是一体之两翼、驱动之双轮。安全是发展的前提，发展是安全的保障，二者相辅相成、不可偏废。可见，安全保障是强化数字政府安全管理责任，落实安全管理制度，加快关键核心技术攻关，加强关键信息基础设施安全保障，强化安全防护技术应用，切实筑牢数字政府建设安全防线的前提。数字政府安全保障构建需要重点突出策略与制度、管理责任、保障能力、自主可控等方面。

数字政府全方位安全离不开安全策略与制度的保障。建立健全信息基础设施、网络、数据、系统平台等安全保护制度，建立健全网络安全、保密监测预警和密码应用安全性评估的机制，完善相应问责机制，加强关键信息基础设施安全保护和网络安全等级保护，加强数据全生命周期安全管理和技术防护，加大对涉及国家秘密、工作秘密、商业秘密、个人隐私和个人信息等数据的保护力度，定期开展网络安全、保密和密码应用检查，提升数字政府领域安全保护水平。

实现数字政府全方位安全的首要任务是行之有效的管理，而管理责任是实现行之有效的管理之前提。强化安全管理责任是构建数字政府全方位安全保障体系的有力支撑。数字政府的一个显著特征是多元主体共同参与。因此，安全管理责任涵盖两方面：其一是对各主体的安全管理责任。政府与其职能部门需承担对应职责，加强对参与政府信息化建设、运营主体的规范管理。其二是各参与主体的职责分工。各参与主体要按照职责分工，落实主体责任和管理职责，建立数字政府安全评估、责任落实和重大事件处置机制，构建多主体、全方位、多层级、一体化安全防护体系，形成跨主体、地区、部门、层级的协同联动机制，确保主体间边界清晰、职责明确、责任落实到位。

安全保障能力是实现数字政府全方位安全保障的原动力。安全保障是一个系统工程，离不开动态监控、主动防御、协同响应的数字政府安全技术保障体系支撑，需要充分运用安全技术进行日常监测、通报预警、实施应急处置。要拓展网络安全态势感知监测范围，加强大规模网络安全事件、网络泄密事件预警和发现能力。

只有自主可控的安全保障才是真正的数字政府全方位安全保障。要提高自主可控水平，需落实各参与主体责任，加快数字政府建设领域关键核心技术攻关，开展对新技术新应用的安全评估，加强关键信息基础设施保护，强化安全可靠技术和产品应用，建立健全对算法的审核、运用、监督等管理制度和技术措施，以切实提高自主可控水平。

3. 构建开放共享的数据资源体系

数据资源是数字化建设的基本要素，是实现数字政府功能的基石，已成为国家基础性战略资源的重要组成部分。切实提高数据资源驾驭能力，是加速推进数字政府建设的重要前提和基础。中共中央、国务院印发《关于构建更加完善的要素市场化配置体制机制的意见》，将数据定义为继土地、劳动力、资本、技术之后的第五大生产要素，提出推进政府数据开放共享，加快推动各地区各部门间数据共享交换。在数字政府数据资源体系构建上，要加快推进全国一体化政务大数据体系建设，加强数据治理，依法依规促进数据高效共享和有序开发利用，充分释放数据要素价值，确保各类数据和个人信息安全，重点关注创新数据管理机制、深化数据高效共享、促进数据有序开发利用等方面内容。

在创新数据管理机制上，数据管理机制是强化部门数据管理职责、构建一体化政务大数据体系、推动数据开放共享、释放数据要素价值、保障数据和信息安全等数据资源管理的保障。管理机制的缺位将会导致“数据孤岛”割裂状况加剧，管理机制的健全完善将会为数字政府发展奠定坚实基础和注入强劲动力。要明确数据归集、开放、应用、安全、存储、归档等责任，完善数据治理标准规范，加快构建标准统一、布局合理、管理协同、安全可靠的数据体系，优化完善各类基础数据库、业务资源数据库和相关专题库，加强数据治理和全生命周期质量管理，确保数据真实、准确、完整，提升数据治理水平和管理能力。

在深化数据高效共享上，数据高效共享是数字政府数据资源体系建设中应优先解决的关键核心问题。充分发挥政务数据共享协调机制与全国一体化政务服务平台的数据共享枢纽作用，以应用场景为牵引，建立全国标准统一、动态管理的政务数据目录，健全政务数据供需对接机制，持续提升国家数据共享交换平台支撑保障能力，有序推进国务院部门垂直管理业务系统与地方数据平台、业务系统数据双向共享，大力提升数据共享的实效性，实现政府信息系统与党委、人大、政协、法院、检察院等信息系统互联互通和数据按需共享，提升数据共享统筹协调力度和服务管理水平。

数据是数字政府建设的核心资源，数据有序开发利用是构建开放共享的数据资源体系，在数字政府空间实现数字化赋能治理现代化目标的前提和基础。编制数据开放目录及相关责任清单，构建统一规范、互联互通、安全可控的国家公共数据开放平台，推进数据“统采共用”，分类分级开放数据，实现数据跨地区、跨部门、跨层级共享共用，提升数据资源使用效益。推进公共数据、社会数据融合应用，有序推动公共数据资源开发利用，提升各行业各领域运用公共数据推动经济社会发展的能力，促进数据流通利用。

4. 构建智能集约的平台支撑体系

在数字政府空间，平台是构筑数字政府的根基，享受服务的主体与参与服务供给的主体基于平台完成公共服务的交换。而政府服务改革，“最多跑一次”“一网通办”“一网统管”“一网协同”“接诉即办”等业务创新实践，都需要统筹数、云、网资源，形成互联互通、协同联动、数据赋能、安全可靠的平台支撑能力。可见，平台是促进数据共享汇聚、推进业务整体协同的重要前提。数字政府的建设实践表明，平台支撑体系的技术水平很大程度上决定了数字政府的建设水准。因此，构建智能集约的平台支撑体系，要重点关注政务云平台、网络平台、重点共性应用支撑能力三个方面的内容，以全面夯实数字政府建设“底座”。

政务上云已成为当前数字政府空间政府数字化转型的必选项。在数字政府空间，在算力的保障下，基于统一的政务云平台可轻松实现数据共享互通，实现数字服务供给。建立政务云资源统一调度机制，从更高层级统筹管理，加强一体化政务云平台资源管理和调度，充分依托全国一体化大数据中心体系，整合政务数据中心和云计算存量资源，构建智能化政务云平台体系，探索异构云的集中统一调度，形成集约共享的算力算法支撑能力，面向政务部门提供绿色集约、安全可靠的一体化算力服务，满足数字政府大规模业务承载、大数据开发利用、共性履职应用，强化政务云平台支撑能力。

在网络平台支撑能力上，强化网络支撑，持续优化统一政务网络建设。要加快升级完善统一的国家电子政务网络，进一步畅通业务协同、数据共享的大通道。在提高网络承载能力方面，推动骨干网扩容升级，扩大互联网出口带宽，提升网络支撑能力。根据主体实时业务对外网带宽要求高，外网需要扩充承载能力。在扩大网络覆盖范围方面，政务网络要进一步与5G、大数据等新技术融合，加强电子政务外网移动接入能力建设，满足聚焦移动办公、政务服务、应急管理、社会管理、重大活动保障等移动应用场景需求。在安全可控的前提下按需向企事业单位拓展。在支撑跨网数据传输方面，统筹建立安全高效的跨网数据传输机制，有序推进非涉密业务专网向电子政务外网整合迁移，用以满足数据共享需求和业务运转需要。

强化共性应用，提升重点共性应用支撑水平。强化重点共性应用支撑，以标准化、平台化方式，提供各类自主调用、灵活配置的共性技术工具，以实现数字政府空间共性应用需求。建立电子证照共享与电子印章服务体系，实行全国统一的电子印章服务体系，实现覆盖个人办事高频证照服务及企业常用电子证照服务，提升电子文件（档案）管理和应用水平，更好支撑“减证便民”。构建权威身份认证体系，为数字空间提供主体、数据、行为的安全可靠保障，有力支撑政务平台用户实现“单点登录、全网漫游”，以实现统一身份认证。充分发挥国家基础信息库基础性支撑作用，完善全国信用信息共享平台功能，提高数据分析能力。

5. 构建协同高效的政府数字化履职能力体系

加强数字政府建设是党中央、国务院站在战略和全局的高度，科学把握发展规律，着眼实现高质量发展、推进中国式现代化进程、建设社会主义现代化强国作出的重大战略决策。政府数字化履职能力是全面推进政府履职和政务运行数字化转型，统筹推进各行业各领域政务应用系统集约建设、互联互通、协同联动，创新行政管理和服务方式，全面提升政府履职效能，实现数字政府建设的着力点。在政府数字化履职能力体系构建上，要以协同高效为前提，聚焦经济调节、市场监管、社会管理、公共服务、生态环境保护、政务运行等政府职能，推动大数据、云计算、人工智能等新一代信息技术的广泛运用，提高政府决策、执行、监督科学化、精细化、智能化水平。

在经济调节上，强化经济运行大数据监测分析，将数字技术广泛应用于宏观调控决策、经济社会发展分析、投资监督管理、财政预算管理、数字经济治理等方面，提升经济调节能力。步入数字时代，要汇聚金融、财政、税务、统计、商务、海关等经济调控监管部门数据，融合社会数据和平台数据，基于小数据的传统统计数据已经不能满足快速迭代的经济发展需求，亟须在大数据体系构建一体化的经济治理数据库，实现经济数据的全链条治理。运用大数据技术及时开展市场分析、形势研判、政策模拟、效果反馈等宏观经济监测，能够实现对宏观经济运行状态的实时跟踪和精准研判。[①] 促进数字化技术与传统产业的融合发展，通过数字要素、数字技术、数字平台赋能传统产业转型升级和新兴产业高质量发展，提高要素配置效率，提升经济发展的质量，构建新阶段经济发展新引擎，不断做强做优做大我国数字经济。

在市场监管上，要充分运用数字技术支撑构建新型监管机制，加快建立全方位、多层次、立体化监管体系，实现事前事中事后全链条全领域监管，以有效监管维护公平竞争的市场秩序。回归工作实践，要以新一代信息技术契合监管，监管过程中进一步完善运用大数据加强市场监管和服务的机制，积极利用大数据加强对市场主体提供服务和实施监管。充分运用数字科技等新型监管手段弥补监管短板，破解监管力量不足与监管手段滞

---

① 陈潭．党建引领、数据赋能与信息惠民：理解中国数字政府建设的三重界面［J］．行政论坛，2022，29（5）：37－43.

后问题，及时主动发现潜在风险和线索，全面提升对新产业、新业态、新模式的监管能力。①

在社会管理上，要推动社会治理模式从单向管理转向双向互动、从线下转向线上线下融合，着力提升矛盾纠纷化解、社会治安防控、公共安全保障、基层社会治理等领域数字化治理能力。加快释放数字技术应用于公共治理的效能，以数字化支撑建设更加和谐、安全、智慧、智能的数字社会，实现政务服务、公共服务和数字化公共产品供给，不断提升智慧城市、智慧社区、数字乡村等建设水平，增强政府现代化社会管理水平。推进基层社会治理精准化，持续强化城乡社区、乡镇街道治理数字化、智能化发展，增强基层组织治理能力，完善无缝隙、全覆盖、网格化管理模式，实现全民畅享的数字生活，促进全社会运行方式创新变革。在新型基础设施建设、数据赋能支撑下，着重提升风险预警、灾害预测、危机处置、辅助指挥决策、救援实战、社会动员等方面的能力，不断增强城市发展势能，推进建设高韧性社会，提升重大社会风险防范化解能力。

在公共服务上，要把满足人民对美好生活的向往作为数字政府建设的出发点和落脚点，打造泛在可及、智慧便捷、公平普惠的数字化服务体系，提升公共服务数字化、智能化水平，让百姓少跑腿、数据多跑路。持续深化整体服务、服务供给、创新服务、精准服务、协同服务等能力一体化发展思路。深入了解企业群众多元化、复杂化的服务需求，提升各部门政务服务能力、政务协同能力，构建渠道多元、实时在线、全国通办的一体化政务服务体系。围绕办事难、办事慢、办事繁等问题，变被动服务为主动服务，最大限度地满足群众个性化、定制化的服务需求。推进基本公共服务数字化应用，提升普惠性、基础性、兜底性服务能力，推动破解发展不平衡问题，让数字红利最大限度地惠及社会大众，实现基本公共服务均等化。鼓励各地区在建设管理、服务模式、流程优化等方面积极探索，推动顶层设计和地方实践良性互动，聚焦助企纾困、民生直达、多卡融合等高频需求，搭建群众“中央厨房”式政务服务样板，开展个性化服务创新。

---

① 王益民．全面开创数字政府建设新局面［J］．中国党政干部论坛，2022（9）：24－28．

在生态环境保护上，实施智慧高效的生态环境治理，全面推动生态环境保护数字化转型，提升生态环境承载力、国土空间开发适宜性和资源利用科学性，更好地支撑美丽中国建设。依托大数据技术和生态环境综合管理信息化平台，实现大气、水、土壤等生态环境指标数据资源的汇聚和实时动态感知，推动生态环境感知监测向“空天地人”一体化、自动智能化方向发展。在动态感知的基础上，强化生态环境监测数据分析，持续提升自然资源开发利用、国土空间规划实施、海洋资源保护利用和水资源管理调配水平，贯通生态环境监测数据与生态环境管理，通过动态感知实现精准执法，通过协同治理实现立体防控，支撑和提升宏观决策、污染管控和监管执法的精细化、智能化。在建设全国统一大市场的背景下，建立统一规范的碳排放统计核算体系，健全碳排放数据监测计量、核算、报告、核查等技术规范体系，实现生态效益和经济社会效益相统一。

在政务运行上，以政务平台为基础，促进新型标准化、数字化、协同化、智慧化、便捷化，强调高质量的内容与服务、多样化的传播与产品、主动式的互动与交流，推进技术辅助决策、执行、监督，提升政务水平。推动数字技术与治理、决策机制的融合发展，促进政府决策理念、资源、机制、行动等方面系统性创新，引导治理主体参与到行政过程，推动社会公众积极参与公共行政事务、公共政策制定与公共决策，不断提高政府工作透明度。建设数字机关，以一体化协同办公体系实现政府履职能力系统性数字化重塑，推进政府机关高效协同，实现机关内部及部门间协同。推行移动办公，加快实现各类办文办会办事、督查督办、信息报送、工作交流、应急处置等政务工作移动化办理，构建政务办公组织在线、沟通在线、协同在线、业务在线的高效办公生态。推动政府机关日常办公的智慧升级和数字转型，提升保障水平和管理效能，实现资源统筹、服务共享、监管到位，保障机关运行高效。针对不同地区、不同层次、不同群体的公众使用习惯，充分发挥好微博、微信等新媒体优势，及时、全面、真实地公开政策信息，不断增强政策解读传播效果，及时发出权威声音，主动回应社会关切。

二、数字政府系统的特征分析

从前节的分析不难发现，数字政府系统具有整体性、关联性、结构性、动态性、目的性等一般系统的基本特征，同时还具有鲜明的技术性和市场性特征。从系统的整体性与关联性层面看，数字政府系统是由制度规则、安全保障、数据资源、平台支撑、履职能力等五个子系统构成的有机统一整体，而并非各子系统的简单加总。五个子系统之间存在既相互依存又相互制约的关系，且各子系统的发展受到数字政府整体系统发展方向的制约，同时也影响整体系统功能和效用的实现。从系统的结构性层面看，数字政府系统的制度规则、安全保障、数据资源、平台支撑、履职能力等子系统之间存在既功能独立、并行发展，又结构耦合、相互促进的嵌入式逻辑。从系统的动态性层面看，数字政府系统与经济社会其他系统之间及其内部子系统之间的相互作用、相互影响，使数字政府系统处于相对静止的同时，也不断地自我调整、发展和更新。从系统的目的性层面看，每个系统都有明确的目的，为了实现一定的功能，特定目的是系统产生、存在和运行的基础，也是一系统区别于其他系统的标志。基于系统目的性视角，数字政府建设制度规则体系为数字政府系统提供政策法律支撑，安全保障体系是数字政府系统发展的前提，数据资源体系是数字政府系统的核心，平台支撑体系是数字政府系统的根基，政府数字化履职能力体系是数字政府系统的根本目的和着力点。此外，数字政府系统还具有鲜明的技术性和市场性特征，前者反映技术赋能、数据赋能、平台赋能对助推数字经济发展，引领数字社会建设，提升社会管理能力、公共服务能力、生态环境保护能力、政务运行效能等的支撑作用，后者强调以市场化机制驱动数字政府各项资源要素的优化配置和高效运行。因此，数字政府的全面发展应统筹处理好数字政府系统与外部环境、整体与局部、各子系统之间及其内部各要素之间的关系，以通过各子系统之间的联动运作和整体系统的优化更新，不断获得更高的整体效用。

第四节　公务人员数字素养框定与数字政府实践参与行为的描述

基于前章对公务人员数字素养解构，框定公务人员数字素养为数字政府空间公务人员在行政决策、执行与监督实践活动中所具备或者形成的数字知识、数字能力和数字意识的综合体，并体现为数字知识素养、数字技能素养、数字行政素养、数字治理素养等四个维度。这四个维度分别框定公务人员在数字政府空间的知识与技能、情感与心理、素质与能力，并强调公务人员在数字政府空间遵守标准规范、法律法规制度、管理机制等制度规则行使政府职能；采取策略和制度机制，落实管理责任，提高保障能力，增强自主可控水平实现安全保障；创新数据管理机制，深化数据高效共享，促进数据有序开发利用，促进数据资源作用发挥；发挥政务云平台、网络平台、重点共性应用作用，以平台支撑数字政府功能实现；从经济调节、市场监管、社会管理、公共服务、生态环境保护、政务运行等方面实现数字政府职能履行的素养。作为政府组织的微观组成，数字政府全面发展依赖于公务人员的广泛和深度参与。在数字政府空间，公务人员兼具数字资源领导者、使用者和部分数字资源贡献者多重角色，并以此参与数字政府实践。

基于前述数字政府发展框架，我们从制度规则、安全保障、数据资源、平台支撑、履职能力五个方面梳理公务人员数字政府参与实践，并进行典型刻画。在数字政府建设深入推进的背景下，公务人员在制度规则方面的参与主要包括以数字化改革助力政府职能转变、创新数字政府建设管理机制、完善法规制度、健全标准规范、开展试点示范等方面。公务人员在安全保障方面的参与主要包括强化安全管理责任、落实安全制度要求、提升安全保障能力、提高自主可控水平等方面。公务人员在数据资源方面的参与主要包括在开放共享的数据资源体系下创新数据管理机制、深化数据高效共享、促进数据有序开发利用。公务人员在平台支撑方面的参与主要包括在智能集约的平台支撑体系下强化政务云平台支撑能力、提升网络平台支撑能力、加强重点共性应用支撑能力。公务人员在履职能力方面的参与主要包括在协同高效的政府数字化履职能力体系下提升经济调节能力、提升市场监管能力、提升社会管理能力、提升公共服务能力、提升生态环境保护能力、提升政务运行效能、提升政务公开水平。

第五节　公务人员数字素养对数字政府单一领域的影响机理分析

当前，数字政府各领域发展不平衡不充分、政策支持体系不健全、公务人员实践参与内生动力不足等问题凸显，迫切需要在加强多元政策支持的同时，充分发挥公务人员在数字空间的主体作用。作为数字政府建设的参与者、监督者和受益者，公务人员数字政府实践参与广度和深度的提高，有助于丰富和拓展数字技术与数字空间融合的内容和形式，持续增进数字政府发展的效率性、普惠性和公平性。鉴于微观层面系统审视公务人员数字政府实践参与的行为逻辑有助于深化宏观层面数字政府发展的驱动机理探讨，遵循“提升数字素养—推动数字政府实践参与—促进数字政府发展—驱动数字素养提升”的理论逻辑，重点阐释作为核心能动性因素的数字素养对数字政府各单一领域公务人员实践参与行为的影响机理，旨在为构建公务人员数字素养与数字政府各领域协同发展的互动关联系统奠定基础。

一、公务人员数字素养对数字政府建设制度规则的影响

数字政府建设制度规则保障数字政府建设和运行整体协同、智能高效、平稳有序，对实现政府治理方式变革和治理能力提升有重要的支撑作用。提升公务人员数字素养可有效促进其在数字政府建设制度规则体系下以数字化改革助力政府职能转变、创新数字政府建设管理机制、完善法律法规制度、健全标准规范、开展试点示范。

公务人员数字知识素养越高，对数字政府建设制度规则的认知越透彻，

形成的关于数字政府及其数字要素的情感态度越好，在数字政府空间和数字政府场景中对制度规则的运用和创新能力越足。因此，数字知识素养高的公务人员以数字化改革助力政府职能转变的积极性越高，对创新数字政府建设管理机制意愿越强，对标准规范、法律法规制度的遵守越好，对开展试点示范的包容越强，同时也越倾向于以领导者、使用者、贡献者等多重角色积极参与数字政府建设制度规则构建，充分利用自身知识素养推进制度规则革新。

公务人员数字技能素养越高，使用数字化工具进行信息收集、整理和加工的知识储备越充分，网络操作能力越高，互联网意识越强，且对不同数字化工具的使用成本与收益的认知越清晰。公务人员的日常工作已离不开现代化的治理工具和手段、种类繁多的基础数字工具和错综复杂的治理平台。与传统简单的计算机操作不同，在“万物皆可数字化”的数字时代，公务人员不仅要能够应用数字设备与平台对数据资源进行有效管理，而且能够应用政务服务平台、应用数据分析软件来提取数字治理所需的信息和知识。因此，数字技能素养高的公务人员对种类繁多的基础数字工具和错综复杂的治理平台使用积极性越高，在数字政府场景中更容易将数字应用的实践置于制度规则约束之下。

公务人员数字行政素养越高，在数字政府场景中依法依规推进技术应用、消除技术歧视、保障个人隐私、维护市场主体和人民群众利益的意识就越强，在行政执法过程中政务服务标准化、规范化、便利化水平越高，对数字政府标准推广执行力度越大，在行政监督过程中越容易打通审批和监管业务壁垒，事前事中事后一体化监管能力越强，因而对标准规范、法律法规制度、管理机制等制度规则有较高的使用意愿和较频繁的使用频率。

公务人员数字治理素养越高，在社会治理、数字经济发展、公共服务、治理变革中对数字政府建设制度规则的应用程度越高。因此，数字治理素养高的公务人员在治理过程中就越容易发现制度规则中与数字政府建设不相适应的条款，发挥数字技术创新变革优势、优化业务流程、创新协同方式、推动政府履职效能持续优化的意愿越强，推进数据开发利用、系统整合共享、共性办公应用、关键政务应用等标准制定的动力越足，且对开展数字政府应用创新、服务创新和模式创新等越持有较浓厚的兴趣。

二、公务人员数字素养对数字政府全方位安全保障的影响

全方位安全保障是数字政府发展创新的前提，为落实安全管理制度、加快关键核心技术攻关、加强关键信息基础设施安全保障、强化安全防护技术应用、切实筑牢数字政府建设安全防线提供坚强后盾。提升公务人员数字素养可有效促进其在数字政府全方位安全保障体系下强化安全管理责任、落实安全制度要求、提升安全保障能力、提高自主可控水平。

公务人员数字知识素养越高，就越倾向于在数字政府空间制定建立健全数据分类分级保护、风险评估、检测认证等制度，加强数据全生命周期安全管理和技术防护；就越倾向于积极采用物理安全策略、访问控制策略、信息加密策略、安全管理策略等以强化数字政府全方位安全；就越重视形成跨地区、跨部门、跨层级的协同联动机制；就越主动加强自主创新，加快数字政府建设领域关键核心技术攻关。因此，数字知识素养高的公务人员在数字政府空间建立健全动态监控、主动防御、协同响应的安全技术保障体系的能动性越强，安全意识就越高。

公务人员数字技能素养越高，就越倾向于统筹做好数字政府建设安全和保密工作，构建全方位、多层级、一体化安全防护体系保障安全；越擅长利用安全策略和安全制度确保各主体不因偶然和恶意的原因而遭到侵害、破坏；越喜好于采用先进设备、设施、软件等技术工具，运用主动监测、智能感知、威胁预测等技术手段提升安全性；越倾向于强化关键信息基础设施、系统平台、数据资源等内容的保护，落实运营者主体责任实现安全。因此，数字技能素养高的公务人员维护数字政府空间安全意识更强，能力更高，对数字政府场景安全性表现出较高的重视程度。

公务人员数字行政素养越高，越倾向于在实施决策时对数字政府特定场景所面临的不确定性因素或可能影响数字政府场景实现的事件进行识别和分类，将已识别和分类的安全风险按其对数字政府场景的潜在影响程度和概率进行评估，确定安全风险对数字政府场景的影响程度和可能性，以便更好地预防和应对安全风险；就越倾向于在执行决策时采取风险规避、

风险转移、风险减轻和风险接受等方式，控制和减轻安全风险对数字政府场景的损失和影响；就越倾向于在实施监督过程中对数字政府场景中已经采取的安全风险控制措施进行监测和评估，确保控制措施的有效性，并及时识别和应对数字政府场景中新的风险；就越倾向于对在数字政府场景中已发生的或预测的安全风险进行复盘，总结其中的经验教训，改进和完善安全风险管理策略和控制措施。因此，数字行政素养高的公务人员在数字政府场景对安全风险管理更科学、流程把控程度更高。

公务人员数字治理素养越高，就越擅长加大对涉及国家秘密、工作秘密、商业秘密、个人隐私和个人信息等数据的保护力度，完善相应问责机制，加强重要数据安全管理；就越善于加快数字政府建设领域关键核心技术攻关，强化安全可靠技术和产品应用，切实提高自主可控水平；就越能够充分运用主动监测、智能感知、威胁预测等安全技术，强化日常监测、通报预警、应急处置，拓展网络安全态势感知监测范围，加强大规模网络安全事件、网络泄密事件预警和发现能力。由此，提升数字治理素养有助于拓宽与增加公务人员善用技术工具、设备设施、系统平台解决政府数字空间各类治理问题的渠道与途径。

三、公务人员数字素养对数据资源开放共享的影响

数据资源开放共享是加强数据治理，依法依规促进数据高效共享和有序开发利用，充分释放数据要素价值，确保各类数据和个人信息安全，推进全国一体化政务大数据体系建设的基础性和先导性工程。数据资源居于数字政府框架体系的核心地位，提升公务人员数字素养可有效促进其在数据资源开放共享体系下创新数据管理机制、深化数据高效共享、促进数据有序开发利用。

公务人员数字知识素养越高，对公共服务机构、相关企业和第三方互联网信息平台等数据融合共享的意识越强，对数据资源开放共享的态度越积极；对数据归集、共享、开放、应用、安全、存储、归档等责任和数据开放共享的高效运行机制接受度越高；就越倾向于以政务数据共享协调机制提升数据共享统筹协调力度和服务管理水平，深化数据高效共享；就越

主动将数据资源共享纳入数据资源体系建设范畴，加强各级政务部门对数据规范治理，提升数据治理水平和管理能力，对重要数据实施重点保护。因此，数字知识素养高的公务人员对数字资源开放共享的态度更友好，在数字政府场景对数据资源共享表现出较高的参与积极性。

公务人员数字技能素养越高，就越擅长在数据管理机制制定过程中融入技术要素，从技术视角构建数据资源采集、管理、共享体制机制，保障数据资源开放共享；就越擅长以掌握的技术、技能解决数据资源开放共享过程中出现的各类共享难题，以有效防范“系统烟囱林立、条块分割、重复建设”等问题；就越擅长以专业手法排除数据资源共享过程中出现的各类技术故障，解决数据资源共享技术难题；就越擅长从专业视角开展数据资源开放共享风险评估、构建安全防线，防范数据资源在开放共享时遭受篡改、破坏、泄露或者非法获取、非法利用等风险。由此，提升数字技能素养有助于增强公务人员参与数据资源开放共享的态度与意愿。

公务人员数字行政素养越高，就越倾向于用数据决策、用数据服务、用数据治理、用数据创新；就越擅长在数字决策时加强对政务数据、公共数据和社会数据的统筹，完善质量管理机制实现对数据治理和全生命周期质量管理，健全数据治理标准规范、数据分类分级标准以提升数据治理水平和管理能力；就越擅长在执行数据资源开放共享过程中遵守全国标准，发挥平台在数据资源交换共享中的支撑保障作用，分类分级开放公共数据，有序推动公共数据资源开发利用，提升各行业各领域运用公共数据推动经济社会发展的能力；就越擅长应用数字工具、数字方法监督数据资源开放共享。因此，数字行政素养高的公务人员在数字政府场景实施数据资源开放共享时更能突显其价值。

公务人员数字治理素养越高，就越倾向于对政务数据、公共数据和社会数据的统筹管理，全面提升数据共享服务、资源汇聚、安全保障等一体化水平；就越倾向于优化完善各类基础数据库、业务资源数据库和相关专题库，以数字政府场景为牵引，推动数据精准高效共享，大力提升数据共享的实效性；就越倾向于推进数据统采共用、融合应用，实现数据跨地区、跨部门、跨层级共享共用，促进数据流通利用，提升数据资源使用效益。

由此，提升数字治理素养有助于培养公务人员用数字技术和数据要素提升数字治理的行动倾向。

四、公务人员数字素养对平台支撑的影响

平台支撑以智能集约为目标，强调以安全可信的信息技术应用创新为前提，充分利用现有政务信息平台，整合构建结构合理、智能集约的平台支撑体系，适度超前布局相关新型基础设施，全面夯实数字政府建设根基。提升公务人员数字素养可有效促进其在数字政府平台支撑体系下加强重点共性应用支撑能力，强化政务云平台支撑能力，提升网络平台支撑能力。

公务人员数字知识素养越高，对数字化平台赋能数字政府场景政务服务的认知就越好，越倾向于利用数字化技术在数字政府空间构建智能集约的数字化平台，实现政府服务的智能化、信息化、高效化；对平台支撑数字政府场景的情感态度就越好，越倾向于通过数字化平台优化民生体验，以更好地为民众提供服务、提高政府服务效率，减少不必要的人力、物力、财力的浪费，提高政务服务水平；对平台支撑数字政府空间的创新意识就越强，勇于在数字政府体系内对各类平台优化革新。因此，数字知识素养高的公务人员在数字政府场景对平台支撑的思维方式更优，利用动机更强。

公务人员数字技能素养越高，对数字化平台赋能数字政府场景政务服务的操作技能就越强，越擅长利用平台向服务主体提供最新的政策信息、服务流程、资料数据等，实现“让数据多跑路，让人少跑路”；对数字化平台的维护管理能力就更强，越擅长对平台关键基础设施设备、网络、软件系统等进行维护管理，保障平台稳定运行，支撑公共服务供给；对平台安全防护本领就越强，越擅长对平台设备设施进行安全检测和风险评估，实施漏洞探测、渗透性测试，查找排除安全威胁，防范平台遭受破坏、功能丧失或者数据泄露。由此，提升数字技能素养有助于公务人员在数字政府空间积极加强技术支撑与平台应用。

公务人员数字行政素养越高，就越倾向于在实施平台构建决策时探索统一调度机制，推进数字化共性应用集约建设，强化电子政务网络统筹建设管理，统筹整合现有政务云资源，构建一体化政务云平台体系，促进高

效共建共享，实现政务云资源统筹建设、互联互通、集约共享，降低建设运维成本；就越倾向于在执行平台支撑数字政府场景时推动网络扩容升级，加快构建或完善身份认证、电子证照、电子印章、电子文件、数字档案、电子票据等体系建设，提升信用信息查询和智能分析能力，全方位保障平台支撑能力；就越倾向于在各类平台中嵌入监督管理机制，设置敏感信息触发预警，平台支撑监督管理。因此，数字行政素养高的公务人员在数字政府场景对构建智能集约平台、以平台支撑数字服务的态度更积极，行动倾向更明显。

公务人员数字治理素养越高，就越擅长运用信息技术强化对各类基础要素的时空关联和动态信息的汇总研判及辅助决策，精准匹配社会治理资源，提升社会治理效能；就越擅长利用平台建设创新成果，营造良好的营商环境，以更大的力度和更高的精度推进市场要素有效流动，更大限度地激发市场活力和社会创造力，促进经济社会发展；越倾向于以平台聚焦企业和群众所思所盼，依托政务服务平台，探索行之有效的创新，实现政务服务从“能办”向“好办”转变，不断提升企业和群众的获得感和满意度。因此，数字治理素养高的公务人员在数字政府空间对应用平台支撑具有更高的意愿和使用频率。

五、公务人员数字素养对政府数字化履职能力的影响

数字化履职能力是统筹推进各部门、各层级政务应用系统集约建设、互联互通、协同联动，创新行政管理和服务方式，全面提升政府履职效能，实现政务运行数字化转型的保障。提升公务人员数字素养可有效促进其对经济调节、市场监管、社会管理、公共服务、生态环境保护、政务运行等数字政府场景中数字化履职能力的提升。

公务人员数字知识素养越高，将新一代信息技术广泛应用于宏观调控决策、经济社会发展分析、投资监督管理、财政预算管理、数字经济治理等方面的意识就越强。因此，数字知识素养高的公务人员对数字时代经济社会发展的认知与理解更透彻，更擅长将新一代信息技术嵌融于经济社会发展，促进数字经济健康快速发展，推动社会治理模式从单向管理转向双

向互动、从线下转向线上线下融合，且对矛盾纠纷化解、社会治安防控、公共安全保障、基层社会治理等领域数字化治理能力与治理模式创新意愿和能力更强。

公务人员数字技能素养越高，就越擅长通过数字工具与技术的操作、平台功能的应用、系统性能的调配等提升政府数字化履职能力；就越擅长运用数字技术强化经济运行大数据监测分析、支撑构建新型监管机制、积极推动数字化治理模式创新、持续优化利企便民数字化服务、强化动态感知和立体防控、加快推进数字机关建设、推进公开平台智能集约发展；就越擅长顺应数字化发展趋势，完善政府信息公开保密审查制度，严格审查标准，消除安全隐患，确保政府数字化履职安全能力提升。由此，提升数字技能素养有助于公务人员在数字政府空间积极采纳数字技术与工具应用促进政府数字化履职能力。

公务人员数字行政素养越高，就越倾向于在决策时立足更高层面，在决策过程中对经济调节、市场监管、社会管理、公共服务、生态环境保护、政务运行等政府数字化履职加以系统思考，促进协同高效；就越倾向于在政府数字化履职过程中以整合、汇聚、治理等手段促进数字经济发展，以发展新时代"枫桥经验"提升社会矛盾化解能力，以推进社会治安防控体系智能化、智慧应急建设提高社会治理精准化水平，以推进基本公共服务数字化应用拓展公平普惠的民生服务，以生态环境智能感知、生态环境综合管理信息化平台、数据资源综合开发利用等方式推动生态环境保护以更好支撑美丽中国建设；就越倾向于以数字化手段提升监管精准化水平，以一体化在线监管提升监管协同化水平，以新型监管技术提升监管智能化水平对政府数字化履职能力进行监督。由此，提升数字行政素养有助于公务人员将新一代信息技术嵌融于行政决策、执行与监督。

公务人员数字治理素养越高，就越倾向于以"互联网+"构建新型管理服务平台，发挥政务服务平台"一网通办"枢纽作用，推进智慧治理建设，提升智慧治理能力，推动政务服务线上线下标准统一、全面融合、服务同质，提高社会治理精准化水平；就越倾向于优化完善应急指挥通信网络，全面提升应急监督管理、指挥救援、物资保障、社会动员的数字化、智能化水平；就越倾向于加快一体化协同办公体系建设，全面提升内部办公、机关事务管理等方面共性办公应用水平，推动机关内部服务事项线上集成化办理，不断提高机关运行效能。因此，数字治理素养高的公务人员对政府数字化履职能力持有更高期待。

第六节　公务人员数字素养驱动数字政府全面发展的机理分析

在数字时代，围绕数字技术和数字资源开展的数字治理成为数字政府场景的焦点。作为新兴领域，尚未发展成熟的数字治理制度体系促使数字治理制度、规则、规范以及议题实力成为数字政府的重要内容，构建与数字时代相适宜的经济社会新秩序、新结构是推进数字政府建设的应有之义。

党的二十大报告指出，健全共建共治共享的社会治理制度，提升社会治理效能。"共建共治共享"是对新时代社会治理富有深刻内涵的表述，是对党的十九大报告提出"打造共建共治共享的社会治理格局"的接力。同时，"共建共治共享"是对以往完善党委领导、政府负责、社会协同、公众参与、法治保障的社会治理体制认识拓展和理念的进一步升华，凝聚了党和全国人民社会治理探索的集体智慧。这既是对党的十九大以来我国社会治理实践探索的总结，也是给未来社会治理的发展和创新提出的新目标、新要求，从根本上体现了以人民为中心的主体定位。

在"共建共治共享"发展背景下，数字政府建设依赖于多元主体协同参与、多领域协同推进、多要素协同发力。基于公务人员数字素养对数字政府的影响机理分析，提升公务人员数字素养可对数字政府运行产生正向影响。根据系统理论，数字政府各子系统之间存在相互联系、相互影响的逻辑关系，制度规则、安全保障、数据资源、平台支撑、数字化履职等发展变化将促进数字政府系统发展变化。鉴于数字政府各子系统之间存在互动关联逻辑，可通过促进各子系统之间的联动运作和结构调整，实现各项资源要素的有序配置和最大化利用，最终加快数字政府整体系统的优化升级。正是如此，本节基于系统理论、协同理论深入阐释公务人员数字素养驱动数字政府各领域协同发展的机制，以期为数字政府发展提供理论参考。

一、制度规则与安全保障、数据资源、平台支撑、数字化履职协同发展逻辑

党的二十大提出，全面依法治国是国家治理的一场深刻革命，关系党执政兴国，关系人民幸福安康，关系党和国家长治久安。在数字时代，从传统政府形态向数字政府的变革不只是由新一代信息技术所推动的革新，而是一场在法治保障下由技术推动的转变政府职能，优化政府职责体系和组织结构，推进机构、职能、权限、程序、责任等全方位的革命。在这一场革命中，公务人员数字素养的提升可以通过对数字政府空间制度规则的遵守和创新进而影响其对安全保障、数据资源、平台支撑、数字化履职的嵌融广度和深度，激发数字政府各子系统供给侧的创新动力。数字政府建设和法治保障紧密结合起来，使科技和法治在数字政府建设中相互补充、相互促进，协力推进政府治理体系和治理能力现代化。可见，推进数字政府建设，必须着力健全制度规则保障体系，完善数字法律制度、标准规范、管理制度。

由前面章节的分析可知，一方面，公务人员对数字政府空间的制度规则越熟悉，越能够较熟练地掌握相关法律法规、政策、制度机制、标准规范，积极使用制度规则规范数字政府场景活动，保障数字政府系统安全，促进数据开发利用，保护各主体的合法权益，维护国家主权、安全和发展利益；另一方面，数字素养越高的公务人员更有能力充分发挥自身比较优势，以合理、安全、高效的方式参与数字政府场景的安全保障，实施数据资源开放共享，实现数字政府职能的平台支撑，实现政府数字化履职。此外，数字政府建设与法治政府建设是高度一致的，法治政府建设必须依靠数字政府建设的技术支撑，数字政府建设必须依靠法治政府建设的制度保障。由此，在数字政府空间，制度规则从法律制度、标准规范、管理机制等方面为安全保障、数据资源、平台支撑、数字化履职的有序发展提供基本遵循和支撑保障。在数字政府场景中，新一代技术的迭代进步、治理模

式的创新发展、管理技能与手段的升级，这些不断涌现的新模式、新业态，赋予制度规则体系新的内涵，并对诸如数据安全、数据资源开放共享、信息保护等特定领域的制度规则创新发展持续提出新的要求。

因此，公务人员数字素养提升可驱动数字政府“制度规则与安全保障、数据资源、平台支撑、数字化履职”实现协同有序发展。应当看到，公务人员在遵守和创新制度规则的同时应积极参与数字政府空间安全保障、数据资源、平台支撑、数字化履职的实践，尤其是长期实践，通过实践可促进公务人员内在数字素养的积累与提升，进而产生新的驱动力。

二、安全保障、数据资源、平台支撑、数字化履职协同发展逻辑

由前述分析可知，公务人员数字素养水平越高，越能够充分认识和衡量参与数字政府空间的安全保障、数据资源、平台支撑、数字化履职各要素相互联系、相互影响、相互作用的关联关系，越能够以较高的积极性、较强的能力、较低的成本和风险参与数字政府场景各领域的实践，助力数字政府全面发展。此外，安全保障、数据资源、平台支撑、数字化履职等各部分之间存在两两互动关联关系。

第一，数字政府“安全保障与数据资源、平台支撑、数字化履职”协同发展逻辑。安全策略和制度、管理责任、保障能力、自主可控等可代表数字政府空间安全保障能力，为公务人员在数字政府空间数字资源开放共享提供全方位的安全支撑，确保数据资源在开放共享时制度明确、职责明晰、程度适宜、格式合适、数量合规、措施得当；以强化安全可信的信息技术应用创新，为政务云平台、网络平台、重点共性应用提供安全支撑，夯实数字政府建设根基；以提升公务人员履职能力，为其参与经济调节、市场监管、社会管理、公共服务、生态环境保护、政务运行等提供重要的安全保障。当然，数据资源开放共享的日渐成熟、平台支撑智能集约的持续改善、政府数字化履职的深入推进为数字政府全方位安全保障提供良好的外部环境支撑，同时也使数字政府全方位安全保障的发展内容和表现形式不断面临新的挑战。

第二，数字政府“数据资源与平台支撑、数字化履职”协同发展逻辑。公务人员在创新数据管理机制、深化数据高效共享、促进数据有序开发利用等诸多数据资源开放共享方面的参与与实践，促进其数据开放共享思维的形成和数据开放共享技能的拓展，且数据开放共享支撑下的平台功能更为强大与准确，数字化履职变得更为科学与便捷，直接增加公务人员参与平台支撑、数字化履职的积极性和主动性。反过来看，公务人员对智能集约的平台支撑以及协同高效的政府数字化履职实践的广泛参与，为其数据资源开放共享实践的有序开展提供良好的外部生态环境保障以及适宜的应用环境支持。

第三，数字政府“平台支撑与数字化履职”协同发展逻辑。公务人员对政务云平台、网络平台、重点共性应用的积极参与，均有助于提升其数字知识、数字技能、数字行政和数字治理等素养，增强其在数字政府空间的意识与责任感，进而提高其对数字化履职的参与程度。同时，公务人员对经济调节、市场监管、社会管理、公共服务、生态环境保护、政务运行等协同高效的政府数字化履职的广泛参与，有助于增加其对智能集约的平台支撑重要性和相关举措的认知和理解，提高为实现智能集约的平台支撑建设建言献策、身体力行的积极性。

综上分析，公务人员数字素养提升可通过多元化的实践叠加驱动数字政府空间“制度规则、安全保障、数据资源、平台支撑、数字化履职”实现协同有序发展。

三、动态视角下公务人员数字素养与数字政府全面发展的互动关联逻辑

基于前述分析可知，提升公务人员数字素养不仅可以促进“制度规则—安全保障、数据资源、平台支撑、数字化履职”形成互动关联，而且能够推动“安全保障、数据资源、平台支撑、数字化履职”各要素之间形成相互联系、相互影响、相互作用的关联关系。公务人员在数字政府建设的实践参与中，无论是制度规则的制定、全方位的安全保障、开放共享的数据资源、智能集约的平台支撑，还是协同高效的政府数字化履职，这种全

面的参与，尤其是长期的积累，不仅能够有效地促进公务人员内在综合数字素养的提升，还能够显著推动其各层面数字素养的协同增进。

长期的实践参与，促使公务人员在面对数字政府建设中的各种挑战时，能够更加灵活和创造性地运用所学知识和技能。他们开始思考如何利用数字技术优化政府服务，提高行政效率，以及如何在保障信息安全的前提下，实现数据的开放与共享。这种全面的参与和长期的积累，驱动公务人员的数字素养逐渐从单一的技术层面上升至战略思维与创新能力的层面。他们开始关注数字政府建设的长远规划，思考如何构建更加智能、高效、安全的政府治理体系。同时，他们也更加注重跨部门的协作与沟通，以数字素养为桥梁，打破传统部门壁垒，推动政府整体数字化转型。此外，公务人员在数字政府建设的实践参与中，也逐渐形成了持续学习和自我提升的习惯。他们意识到，在快速发展的数字时代，只有不断学习新知识、掌握新技能，才能跟上时代的步伐，为数字政府建设贡献更大的力量。

可见，公务人员数字素养与数字政府全面发展的互动关联系统运行逻辑在于：公务人员在数字政府建设的实践参与中，通过全面的参与和长期的积累，不仅实现了自身数字素养的全面提升，还能够有效激活数字政府空间发展不同要素间相互联系、相互影响、相互作用的关联关系以及两两互动关联机制，为数字政府建设的持续推进注入新的活力和动力，促进数字政府各领域的全面协调可持续发展，为构建更加智慧、高效、开放的数字政府奠定坚实的基础。

参考文献

[1] 习近平. 高举中国特色社会主义伟大旗帜　为全面建设社会主义现代化国家而团结奋斗：在中国共产党第二十次全国代表大会上的报告[N]. 人民日报，2022-10-26（01）.

[2] 邱泽奇. 技术化社会治理的异步困境[J]. 社会发展研究，2018，5（4）.

[3] 冷茂林. 乡村治理智能化的风险挑战与应对之策[J]. 领导科学，2022（8）.

[4] 雷磊. 中国特色社会主义智慧法治建设论纲[J]. 中共中央党校（国家行政学院）学报，2020，24（1）.

[5] 冷茂林. 数字化赋能果业发展的机制与实践路径[J]. 中国果树，2024（2）.

[6] 完世伟，汤凯. 数字经济促进乡村产业振兴的机制与路径研究[J]. 中州学刊，2022（3）.

[7] 肖国安，陈谦，王文涛. 乡村振兴战略背景下我国农村电商发展路径研究[J]. 贵州社会科学，2022（10）.

[8] 荆文君，孙宝文. 数字经济促进经济高质量发展：一个理论分析框架[J]. 经济学家，2019（2）.

[9] 李天宇，王晓娟. 数字经济赋能中国“双循环”战略：内在逻辑与实现路径[J]. 经济学家，2021（5）.

[10] 文丰安. 乡村产业数字化、生态化质量转型：基本内涵、问题分析及保障路径[J]. 宏观质量研究，2023，11（4）.

[11] 任保平. 以产业数字化和数字产业化协同发展推进新型工业化[J].

改革，2023（11）.
［12］王胜，余娜，付锐．数字乡村建设：作用机理、现实挑战与实施策略［J］．改革，2021（4）.
［13］李桂祥，薛晓敏，陈汝，等．适用于果树的农业机械适用性标准体系探讨［J］．中国果树，2021（5）.
［14］张元好，曾珍香．城市信息化文献综述：从信息港、数字城市到智慧城市［J］．情报科学，2015，33（6）.
［15］殷旺来，李荣娟．新时代政府职责体系的研究进展、逻辑转换与展望［J］．理论月刊，2023（2）.
［16］何哲．政府边界问题及行政体制改革的基本原则研究：基于政府权力边界、职责边界、效率边界与能力边界分析［J］．北京行政学院学报，2016（4）.
［17］竺乾威．国家治理体系现代化与政府职能转变［J］．求索，2023（4）.
［18］杨建武．人工智能嵌入政府治理的责任困境及其政策纾解［J］．西南民族大学学报（人文社会科学版），2022，43（4）.
［19］吴传毅．法治政府建设的多维审视［J］．行政论坛，2019，26（3）.
［20］汪玉凯．界定政府边界：汪玉凯谈政府改革［M］．北京：中国友谊出版社，2010.
［21］陈可翔．互联网公域治理结构转型与行政组织法发展［J］．东方法学，2022（5）.
［22］竺乾威．国家治理与政府能力提升：组织制度层面的分析［J］．中共福建省委党校（福建行政学院）学报，2023（1）.
［23］赵建华，杜传华．数字经济推动政府治理变革的机制、困境与出路分析［J］．理论探讨，2022（2）.
［24］罗哲．青年人才：中国式现代化建设的重要动能［J］．人民论坛，2022（23）.
［25］康雅倩．新时代数字治理的主体性困境及其科层制破解［J］．理论导刊，2023（3）.

[26] 黄璜，谢思娴，姚清晨，等．数字化赋能治理协同：数字政府建设的“下一步行动”[J]．电子政务，2022（4）．
[27] 武小龙，王涵．农民数字素养：框架体系、驱动效应及培育路径——一个胜任素质理论的分析视角 [J]．电子政务，2023（8）．
[28] 李政，廖晓东．新质生产力理论的生成逻辑、原创价值与实践路径[J]．江海学刊，2023（6）．
[29] 张红春，杨欢．数字政府背景下的公务员数字素养框架：一个概念模型 [J]．电子政务，2023（1）．
[30] 高欣峰，於冰双．国际数字素养评价与认证分析：以欧洲 4 个典型工具为例 [J]．成人教育，2022，42（10）．
[31] 蒋敏娟，翟云．数字化转型背景下的公民数字素养：框架、挑战与应对方略 [J]．电子政务，2022（1）．
[32] 钟葳，梁丽芝，张运．基于用户技术接受模型的政府数据开放平台研究：以深圳政府数据开放平台为例 [J]．湖南工业大学学报（社会科学版），2022，27（6）．
[33] 张艺馨．我国数字政府的发展现状分析 [J]．河南科技，2022，41（11）．
[34] 韩春梅，李侠，张玉琢．农村基层治理的技术契合与创新进路 [J]．重庆大学学报（社会科学版），2023，29（1）．
[35] 胡仙芝．加强数字政府建设，促进政府治理现代化 [J]．中国发展观察，2022（7）．
[36] 陈罗琦．数字政府建设促进区域创新能力发展的实证分析 [J]．中阿科技论坛（中英文），2023（2）．
[37] 陈潭．党建引领、数据赋能与信息惠民：理解中国数字政府建设的三重界面 [J]．行政论坛，2022，29（5）．
[38] 王益民．全面开创数字政府建设新局面 [J]．中国党政干部论坛，2022（9）．